全民健身计划系列丛书

轻器械体操

许春利 裴晓雨／编著

吉林出版集团股份有限公司
全国百佳图书出版单位

图书在版编目（CIP）数据

轻器械体操 / 许春利, 裴晓雨编著. -- 长春：吉林出版集团股份有限公司, 2021.1（2021.10重印）
（全民健身计划系列丛书 / 王晓亮主编）
ISBN 978-7-5581-9481-8

Ⅰ. ①轻… Ⅱ. ①许… ②裴… Ⅲ. ①轻器械体操—基本知识 Ⅳ. ①G834.2

中国版本图书馆CIP数据核字(2020)第251783号

QING QIXIE TICAO
轻器械体操
许春利 裴晓雨 编著

责任编辑 田 璐 朱万军
封面设计 张振东
版式设计 吉林国艺图书有限公司
责任印刷 王 起

出 版 吉林出版集团股份有限公司
发 行 吉林出版集团青少年书刊发行有限公司
地 址 长春市福祉大路 5788 号
邮政编码 130118
电 话 0431-81629800
传 真 0431-81629812
印 刷 永清县晔盛亚胶印有限公司
版 次 2020 年 4 月第 1 版
印 次 2021 年 10 月第 2 次印刷
字 数 100 千字
开 本 720mm × 1000mm 1/16
印 张 8
书 号 ISBN 978-7-5581-9481-8
定 价 36.00 元

全民健身计划系列丛书

前　言

党的十九大报告指出："广泛开展全民健身活动，加快推进体育强国建设。"当全民健身上升为国家战略后，日常参与健身的人群将日益扩大，大家将以各种方式强健体魄，获得感和幸福感油然而生。

面对这样可喜的局面，吉林出版集团股份有限公司青少年书刊出版发行事业部和吉林体育学院编写组共同策划、编写了"全民健身计划系列丛书"。

"全民健身计划系列丛书"能够顺应国家有关体育的大政方针，把握时代脉搏，对指导大众健身有很好的促进作用。丛书图文并茂，实用性强，力争有所创新，包括球类运动、体操健身运动、传统武术、体育舞蹈、休闲运动、格斗运动和民间体育活动等项目。通过高清图片分解健身步骤，使读者用简单易行的锻炼方式达到良好的健身效果。读者在学习的过程中，不仅能够掌握运动健身的方法，还能够学到保健方面的基本知识。

吉林体育学院的老师作为专业的体育工作者，把高等院校的理论资源转化为实践成果，使"全民健身计划系列丛书"更加具有权威性、科学性、实用性，也更能满足健身人群的需求。

希望本丛书能为社会各界热爱健身的人士提供指导与帮助。

目 录

第一章 概述 01

第一节 起源与发展………………………… 02
第二节 场地、器材和装备………………… 05

第二章 运动保健 09

第一节 自我身体评价……………………… 10
第二节 运动价值…………………………… 15
第三节 运动保护…………………………… 20

第三章 基本技术 30

第一节 基本动作…………………………… 31
第二节 持器械身体动作…………………… 39

第四章 实用轻器械操 44

第一节 体操棍操…… 45
第二节 绳操…… 66
第三节 木哑铃操…… 80
第四节 小旗操…… 94
第五节 呼啦圈操…… 109

1 第一章 概述

轻器械体操是体操的基本项目之一，它主要是依靠四肢、躯干和头部的互相配合，向各个方向做屈伸、摆振、旋转等动作，使身体得到一定的锻炼。轻器械体操与徒手体操的不同之处在于，它需要手持哑铃、棍棒、呼啦圈等轻器械做各种体操动作，以此增加练习者的兴趣，从而收到更好的锻炼效果。

第一节 起源与发展

体操运动历史悠久，轻器械体操是随着体操运动的发展逐渐演变而来的，它具有很强的实用性和观赏性，因此深受人们的喜爱。

一、起源

“体操”(Gymnastics) 一词来源于古希腊语，意为“裸体技艺”。因为古希腊人崇尚裸体运动，认为人体的健美只有不着服装才能体现得淋漓尽致。后来，这一用语被欧美等国采用，特指体操运动，在我国则被翻译为“体操”。

古希腊人并不是唯一的早期体操运动追随者，古代的中国、波斯和印度等国家，都曾将体操作为年轻人参军前的准备训练，这种做法一直延续到 19 世纪。

现代体操起源于 18 ～ 19 世纪。随着体操运动的不断发展，到 20 世纪初陆续出现了手持轻器械的体操运动。

二、发展

轻器械体操的出现丰富了体操运动的内容与形式，使体操运动具有更强的参与性和艺术观赏性，因此深受人们的喜爱，很快在世界各地传播开来。

(一)传播

20 世纪 20 年代初，欧洲的一些体操学校就已在艺术体操中加进了球操。

1936 年，在柏林举行的第 11 届奥林匹克运动会上，德国艺术体操家亨利·梅道设计的一套团体操动作中，利用圈来象征奥运会的五个套接环，此后，圈操在许多国家相继开展起来。

1963 年，首届世界艺术体操锦标赛把圈操列为比赛项目。

20 世纪 60 年代以来，使用绳、圈、球、棒、带几种轻器械的体操已被世界艺术体操锦标赛选作正式比赛项目。这些器械的规格也都有了具体规定。

此外，轻器械还包括纱巾、体操棍、木哑铃、彩旗、彩球、呼啦圈、花环和扇子等。因为轻器械体操艺术效果较强，容易掌握，因而深受大众喜爱。无论是在体操表演中，还是在大、中、小学的体育教学中，轻器械体操都已被广泛采用。

(二)发展趋势

为更广泛地开展群众性体育活动，增强人民体质，推动我国社会主义现代化建设事业发展，1995 年 6 月，国务院颁布了《全民健身计划纲要》，号召全社会广泛开展全民健身运动。目前，全民健身运动在国内蓬勃发展，中国特色全民健身体系框架已经初步形成。

轻器械体操器材简单，一般不受场地限制，不同年龄、性别和不同身体素质的人都可以练习。此外，选择不同的轻器械体操，对身体的锻炼作用也各不相同。如棒操有助于提高上肢关节的灵活性，绳操有助于发展弹跳力、灵活性和耐力。人们可以根据自身的锻炼需要，选择不同的轻器械进行练习。目前，轻器械体操已成为全民健身计划的重要组成部分。

第二节 场地、器材和装备

高质量的场地是运动顺利开展的前提，而良好的装备则是练习者发挥较高技术水平的必要保证。

一、场地

一般情况下，轻器械体操可以在普通场地进行，但是高水平的训练则应该在健身馆中进行，以保证运动的安全性，避免发生运动损伤。

（一）普通场地

1. 规格

普通场地的选择较为灵活，平坦、干净的水泥地，混凝土地和沥青地都可以。

2. 要求

场地应空旷、通风，这有利于练习者的身体健康。

（二）健身馆

1. 规格

健身馆应保持干净，地面最好铺有专业地板。

2. 设施

健身馆一定要有镜子，这样练习者可在镜子前练习，并及时纠正自己的错误动作。表现力较好的练习者还可在镜子前一边练习一边欣赏自己优美的动作。

3. 要求

(1) 健身馆的光线必须充足，并且通风条件良好。

(2) 地面应经常打扫并保持整洁，这对练习者的健康是十分有利的。

二、器材

常用的轻器械包括体操棍、跳绳、木哑铃、小旗和呼啦圈等。

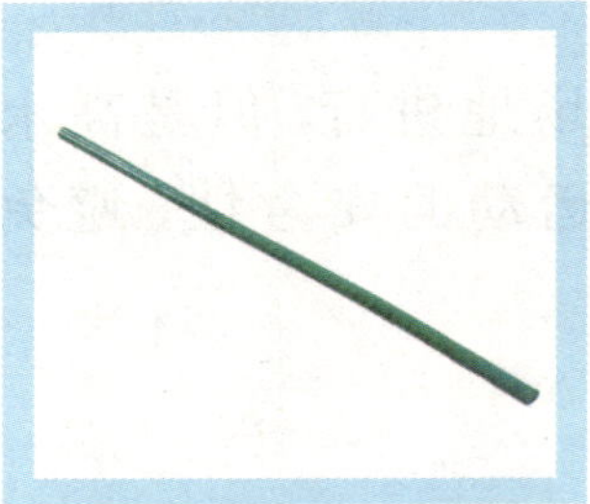

图 1-2-1

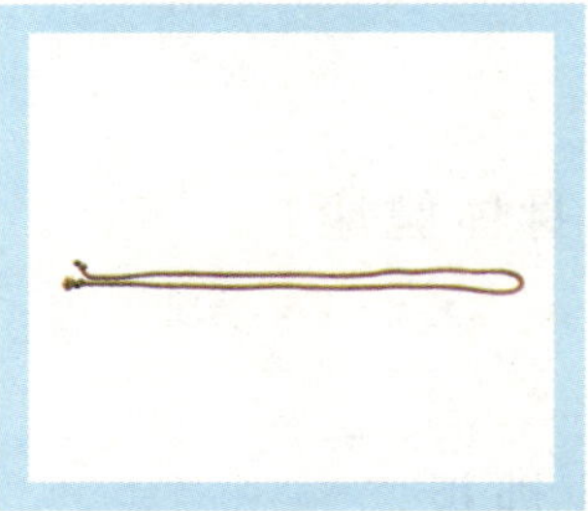

图 1-2-2

(一) 体操棍

1. 规格

体操棍长 1～1.2 米，棍面为白色或彩色，直径 2～2.5 厘米。见图 1-2-1。

2. 材质

体操棍一般为木质或用金属材料制成。

(二) 跳绳

1. 规格

一般长跳绳长 5 米，单人短跳绳长 2～2.3 米，双人和三人短跳绳长 2.5 米或略长。见图 1-2-2。

2. 材质

绳把一般为木质或塑料材质，绳多用布绳或橡胶绳。

（三）木哑铃

1. 规格

木哑铃的握把长 11 ～ 12 厘米，横截面直径为 2.8 ～ 3.5 厘米，中部略粗。铃头呈圆形，直径为 7 ～ 10 厘米，铃面可漆色。见图 1-2-3。

图 1-2-3

2. 材质

木哑铃的材质一般为实木。

（四）小旗

1. 规格

旗面是边长 40 厘米的正方形，颜色分为单色和彩色。旗杆长约 50 厘米。见图 1-2-4。

图 1-2-4

2. 材质

旗身为绸质，旗杆为木质或由塑料材质制成。

（五）呼啦圈

1. 规格

呼啦圈的内径为 80 ～ 90 厘米，重 0.3 千克以上。横截面可以是圆形、方形或椭圆形等。见图 1-2-5。

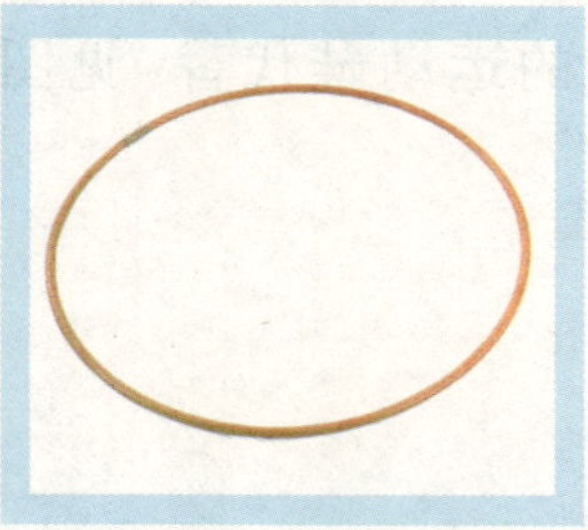

图 1-2-5

2. 材质

呼啦圈一般为木质或者塑料质地，可染成或选用除金、银、铜以外的任何颜色。

三、装备

练习轻器械体操时最好穿专业的健身服和健身鞋，这样既有利于增强动作的表现力与美感，又可避免不必要的运动损伤。

（一）服装

服装应随季节的变化而调整。夏季炎热，宜穿两节式体操服；冬季寒冷，应注意服装的保暖性，最好穿吸汗、透气性好的棉质运动服。见图 1-2-6。

图 1-2-6

（二）鞋

鞋最好选用标准的健身鞋，如果没有，也可以用底部较软的运动鞋代替。见图 1-2-7。

图 1-2-7

2

第二章

运动保健

体育运动对增强体质、预防疾病和促进人体健康具有良好的作用。但是，并非所有人做相同的运动都会达到同样的效果。对于同一种运动负荷，不同的人机体反应差异很大。即使是同一个个体，在不同时期、不同机能状态下，对同一负荷的反应及收到的效果也是不一样的。因此，对于不同个体，应制定适合其机能需要的运动强度、时间、频率和持续周期。从事体育锻炼一定要讲究科学性，使机体最大限度地获得运动价值，使某些疾病得到有效的防治或祛除。

第一节 自我身体评价

自我身体评价是指根据个体的不同情况，以及简单的功能评定标准，对锻炼者进行身体评价，并以此为依据，确定具体的锻炼内容。

一、适宜人群

体适能是全身适应性的一部分，是人体对现代生活的适应能力。为了促进健康、预防疾病、提高生活质量和工作学习效率，几乎所有人都可以追求健康体适能，而且经过简单的评价和测试，均可以成为目标人群，即适宜人群。

（一）健康体适能评价标准

健康体适能是指身体有足够的活力和精力处理日常事务，不会感到过度疲劳，并且还有足够的精力去享受休闲活动或应付突发事件。

健康体适能是确定锻炼者是否为运动适宜人群的主要依

据。目前的评价标准主要包括国民体质测定标准、学生体质测定标准和普通人群体育锻炼标准等。

国民体质测定标准主要包括形态指标、机能指标和素质指标3部分，各项指标的测定结果为1～5分，共5个级别。凡各项指标达不到4分或5分者，均应纳入健身人群。

学生体质测定标准分为优秀、良好、及格和不及格4个级别。优秀水平以下者，均应被纳入健身人群。

普通人群体育锻炼标准分为5个级别，凡达不到4分或5分者，均应纳入健身人群。

（二）简易运动功能评定

简易运动功能评定的目的在于确定锻炼者有无运动禁忌症或临时运动禁忌，即是否适合参加体育锻炼，以防万一，避免意外事故发生。目前通行的方式为3分钟踏台阶测试。

1. 目的

测试锻炼者运动后心率恢复情况，以评估其心肺功能。

2. 器材

30厘米高的长凳、节拍器、秒表和时钟。见图2-1-1。

3. 步骤

(1) 节拍器设定为每分钟96次，测试者依“上上下下”的节拍运动3分钟，每次踏上台阶应达到直膝，而且先踏上的脚先落下。

(2) 测试者完成3分钟踏台阶后，5秒钟内开始测量脉搏，时间为1分钟，记录下心率，并依据表2-1-1评价功能水平。

(3) 运动后心率越低，证明心肺功能越好，在运动强度允许的范围内，锻炼者可选择运动强度的较高值来进行运动。

4. 注意事项

如测试者经过努力仍无法达标，或出现头晕、胸闷、出冷汗等症状，应立即终止测试。运动中应特别考虑运动强度，以防止出现意外。

图 2-1-1

表 2-1-1（单位：次／分钟）

	年龄(岁)	欠佳	尚可	一般	良好	优异
男士	18~25	>115	105~114	98~104	89~97	<88
	26~35	>117	107~116	98~106	89~97	<88
	36~45	>119	112~118	103~111	95~102	<94
	46~55	>122	116~121	104~115	97~103	<96
	56~65	>119	112~118	102~111	98~101	<97
	65+	>120	114~119	103~113	96~102	<95
女士	18~25	>125	117~124	107~116	98~106	<97
	26~35	>128	119~127	111~118	98~110	<97
	36~45	>128	118~127	110~117	102~109	<101
	46~55	>127	121~126	114~120	103~113	<102
	56~65	>128	118~127	112~117	104~111	<103
	65+	>128	122~127	115~121	101~114	<100

二、锻炼目标

锻炼目标应根据锻炼者不同的身体状况来确定，可分为近期目标和远期目标。此外，确定锻炼目标还应结合锻炼者的运动意向、愿望、兴趣，以及本人的健康状况等因素来进行。

（一）近期目标

近期目标是指锻炼者初期应达到的目标。在进行运动前，应首先明确锻炼目标，即近期目标。选择一两个健康体适能构成要素，作为未来两个月内努力完成的目标，而且应从成功概率较高的构成要素开始，并将预期两个月后要达到的目标做上记号，如提高某个或某些关节的活动幅度，增强某块肌肉或某肌肉群的力量等。

（二）远期目标

远期目标是指锻炼者最终要达到的目标。实践证明，经过科学合理的锻炼，锻炼者是可以达到一般的远期目标的，如提高心肺功能，使其达到优秀的等级，或达到降血脂和防治高血压、冠心病的目的等。

三、运动负荷

运动负荷即运动量。怎样控制运动量、合适的运动时间是多少等，一直是有争议的问题。但有一点是可以肯定的，任何的意见和建议，都需要综合考虑锻炼者的身体状况和所要达到的目标，并以此为依据来制订科学的身体锻炼计划。

（一）运动强度

在运动过程中，运动强度过小，无法达到锻炼效果；运动强度过大,不仅达不到最佳的锻炼效果,还可能产生一些副作用，甚至出现意外事故。确定运动强度有两种方法，即心率简易推测法和主观感觉疲劳分级表推测法。

1. 心率简易推测法

(1) 年龄在 20 岁左右的年轻人，身体健康，能坚持体育锻炼，欲进一步提高身体机能，可取最大心率值（最大心率值=220- 年龄）的 65% ～ 85%。

(2) 年龄在 45 岁以下，身体基本健康，有运动习惯者，开始进行健身锻炼,可取最大心率值的 65% ～ 80%;没有运动习惯者，开始进行健身锻炼，可取最大心率值的 60% ～ 75%。

(3) 年龄在 45 岁以上，身体基本健康，有运动习惯者，开始进行健身锻炼，可取最大心率值的 60% ～ 75%；没有运动习惯者，建议根据自身情况咨询专业人员来指导和确定运动强度。

2. 主观感觉疲劳分级表推测法

运动的疲劳程度大致分为 10 级，具体为：0 ～ 1 级，没感觉；2 ～ 3 级，尚轻松；4 ～ 5 级，稍累；6 ～ 7 级，累；8 ～ 9 级，很累；10 级，精疲力竭。因此，健身锻炼的运动强度应控制在主观感觉疲劳程度的 4 ～ 7 级之间。

（二）运动频率

运动频率是指每日及每周锻炼的次数。一般每周锻炼 3 ～ 4 次，即隔日锻炼 1 次即可。充足的休息时间可使机体得到充分的休息，能收到更好的锻炼效果。

（三）运动持续时间

运动强度和运动持续时间决定了一次锻炼的运动量和热量消耗。运动持续时间与运动强度成反比，运动强度大，运动持续时间可相应缩短；运动强度小，则运动持续时间相应延长。一般的健身锻炼，运动持续时间以每天 20 ～ 60 分钟为宜，其中包括准备活动时间、健身锻炼时间和整理活动时间。每次健身锻炼应在 20 分钟以上，锻炼可一次性完成，也可分段进行，但每段活动时间应在 10 分钟以上。

第二节 运动价值

运动价值是人们一直在探讨的问题。一般认为，运动具有两个方面的价值，即健身价值和心理价值。身体和精神的健康是相互依存的，伴随着身体功能的改善，精神状况也能同时得到改善。

一、健身价值

健身价值在于提高体适能。体适能包括心肺耐力素质、肌肉力量素质、柔韧性素质和身体成分等。体适能的发展是积极从事锻炼的结果，只有规律性的体育锻炼才能达到最佳的体适能。

（一）提高心肺耐力素质

心肺耐力是指全身肌肉进行长时间运动的持久能力，是体内心肺系统对身体各细胞的供氧能力。人体的心脏、肺、血管、血液等组织的功能是心肺耐力的基础，与氧气和营养物质的输送以及代谢物的清除有关。健全的心肺功能是健康的基本保证。

系统的体育锻炼，可以使心肌增厚，收缩力加强，心室容积增大，从而使心脏的泵血功能增强，表现为心血输出量增加，心脏的能力得到提高。

系统的体育锻炼，也可使呼吸系统机能得到提高，表现为呼吸肌力量增强，肺活量、肺通气量明显增加，呼吸系统的工作能力提高，同时还提高了向机体供氧的能力。

系统的体育锻炼，可以促进血管系统的形态、机能和调节能力，提高机体的工作能力。

系统的体育锻炼，可以使血液系统产生某些适应性变化，如血容量增加、血黏度下降、红细胞膜弹性增强、红细胞变形能力增强等。

（二）提高肌肉力量素质

肌肉力量是指肌肉最大收缩产生的对抗阻力或负荷的能力。肌肉力量只有达到一定程度，才能克服外界阻力，而克服外界阻力是维持日常生活自理能力，从事各种劳动和运动的必要前提。

系统的体育锻炼，可以提高肌肉的生理横断面积，改善神经系统对肌肉收缩的支配功能，还可以提高肌肉内代谢物质的储备量，以有效地提高肌肉质量，使肌肉力量得到提高。

（三）提高柔韧性素质

柔韧性是指人体各关节的活动幅度，即关节的肌肉、肌腱和韧带等软组织的伸展能力。柔韧性对于保证正常生活质量、维持正常体态、预防损伤发生和减轻损伤程度等方面均起着至关重要的作用。

通过系统的体育锻炼，可以延缓因年龄因素而导致的身体柔韧性下降，预防因缺乏运动而导致的关节结构、周围软组织和膝关节肌肉退化，从而使锻炼者在日常生活、劳动和运动时充满活力。

(四)改善身体成分

身体成分是指人体体重中的脂肪组织和去脂组织的重量百分比。身体成分中的脂肪成分增加，肌肉成分必然下降。身体中不具备收缩功能的脂肪组织增加，必然导致身体进行各种活动的能力下降、基础代谢水平降低和肥胖症、冠心病、高血压、糖尿病、高血脂等慢性疾病发病率的升高。因此，合理的身体成分是保证人体健康的重要内容之一。

系统的体育锻炼可以使锻炼者的体质得到增强，这样，热量消耗便会随之增加，进而燃烧体内多余的脂肪，使身体成分得到改善。而身体成分的改善，又可以减少体重对关节带来的不利影响，还可以使肥胖者的心理状况得到改善，增强其自信心，逐步建立健康的生活方式。

二、心理价值

研究证明，体育锻炼不但可以使锻炼者增强体质、促进身体健康、预防慢性疾病，还可以提高锻炼者的生活满意度和生活质量，对其心理健康产生明显的积极影响。

体育锻炼的心理健康效应主要表现在以下 6 个方面：

(一)改善情绪状态

1. 短期效应

研究发现，体育锻炼对人的情绪状态具有显著的短期效应。运动后人们的焦虑、抑郁、紧张和心理紊乱程度显著减轻，而精力和愉快程度则显著增强。这种情绪的迅速变化，与锻炼者个体的健康状况、活动形式和活动强度等有直接的联系。

2. 长期效应

体育锻炼对人情绪的长期效应有直接影响，与不锻炼者相比，有规律的锻炼者在较长时期内很少会产生焦虑、抑郁、紧张和心理紊乱等情绪。

（二）完善个性行为特征

人的行为特征一般可以分为两种类型，用A型行为特征和B型行为特征来表示。A型行为特征主要表现为性情急躁、争强好胜、容易激动、整天忙碌等；B型行为特征主要表现为不好竞争、不易紧张、不赶时间、待人随和、喜欢自由自在等。具有A型行为特征的人由于过度紧张的情绪反应，会引起内分泌失调，增加心脏病发病的概率。目前的一些研究主要集中在体育锻炼

表2-2-1 A、B型行为特征表现

A型行为特征者常见表现	B型行为特征者常见表现
约会从来不迟到	对约会很随便
竞争意识很强	竞争意识不强
别人要讲话时总爱抢先或插话	别人讲话时是很好的听众
总是匆匆忙忙	即使有压力也从不匆忙
等待时缺乏耐心	能够耐心等待
做事全力以赴	处事漫不经心
同时想做很多事	在一定时间里只做一件事情
讲话喜欢加重语气，甚至敲桌子	讲话语速缓慢、不慌不忙
做了好事希望能得到别人的承认	只要自己满意即可，不管别人怎么想
吃饭、走路都很快	没什么业余爱好
不善与人相处	为人随和
容易暴露自己的情感	能控制自己的感情
具有广泛的兴趣	满足于目前的工作和学习状况
胸怀雄心壮志	做事情很慢

对改变 A 型行为特征的作用方面。研究结果表明，有规律的体育锻炼能明显改变 A 型行为特征，使其发生显著的积极变化。见表 2-2-1。

（三）确立良好的自我概念

自我概念是指个体对自己身体、思想和情感的主观整体评价，由许多自我认识组成，包括我是什么人、我主张什么和我喜欢什么等。

坚持体育锻炼，可以使锻炼者体格强健、精力充沛、提高驾驭身体的能力，从而改善对自身的满意程度，确立良好的自我概念。

（四）改变睡眠模式

根据脑电图显示，人的睡眠可以分为两种状态，即慢波睡眠状态和快波睡眠状态，前者为浅度睡眠状态，后者为深度睡眠状态。一夜之间两种睡眠状态会交替发生 4 ～ 5 次。

有规律的体育锻炼不仅对慢波睡眠有改善作用，而且能缩短入眠的潜伏期，延长睡眠时间。

（五）改善认知能力

体育锻炼还能改善人的认知过程，避免反应时间过长、注意力不集中和思维混乱等症状的发生，尤其对老年人认知能力的改善效果更为明显。

（六）增强心理治疗效应

体育锻炼被公认为是心理治疗的好方法。目前，人群中常见的心理疾病是抑郁症和焦虑症。研究发现，体育锻炼是治疗抑郁症的有效手段之一。抑郁症患者经过有规律的体育锻炼，能显著减轻症状。

体育锻炼还具有治疗焦虑症的作用，通过有规律的体育锻炼，锻炼者的焦虑症状可以得到明显缓解。

第三节 运动保护

在运动过程中，人体机能会随时发生变化。因此，应针对这个特点来进行体育锻炼，也就是我们所说的运动保护。运动保护一般包括运动前准备、运动后放松和自我养护 3 个方面。

一、运动前准备

准备活动是指在正式运动之前进行的有目的的身体练习。做好充分的准备活动，可以缩短机体进入最佳状态的时间，同时还可以预防运动损伤的发生，为机体发挥最大的工作效率做好功能上的准备。

（一）准备活动的作用

1. 提高中枢神经系统兴奋状态

（1）使大脑反应速度加快，参加活动的运动中枢神经间相互协调。

（2）为正式运动时生理机能达到适宜程度提前做好准备。

2. 提高机体代谢水平

（1）准备活动可以使锻炼者体温升高，降低肌肉黏滞性，使肌肉的伸展性、柔韧性和弹性增强，从而有效预防运动损伤的发生。

(2) 准备活动可以增强体内代谢酶的活性，使物质代谢水平提高，以保证运动时有较充分的能量供应。

3. 克服内脏器官生理惰性

(1) 准备活动可以提高心血管系统和呼吸系统的机能水平，使肺通气量及心血输出量增加。

(2) 可以使心肌和骨骼肌的毛细血管扩张，使其工作肌获得更多的氧，从而克服内脏器官的生理惰性，使之尽快达到最佳状态。

4. 增加皮肤毛细血管血流量

准备活动可以使皮肤毛细血管的血流量增加，运动后毛细血管扩张，有利于散热，降低体温，有效防止正式活动时由于体温过高而影响运动能力。

(二) 准备活动的要求

1. 准备活动的时间

(1) 准备活动的时间可以根据运动项目的具体情况确定，一般以 10 ～ 30 分钟为宜。

(2) 准备活动与正式运动的间隔时间，一般以不超过 15 分钟为宜，可以在做完准备活动后立刻进行正式运动。

2. 准备活动的强度

(1) 准备活动的强度和量应较正式运动小，以免引起疲劳。

(2) 准备活动的量可以由心率决定，心率以 100 ～ 120 次 / 分钟为宜。

(三) 一般性准备活动

一般性准备活动的内容多以伸展运动开始，然后进行一般性的跑步、徒手体操等活动。

下面介绍一套常用的一般性准备活动操，供锻炼者运动前使用。这套活动操主要包括头部运动、肩部运动、扩胸运动、体侧运动、体转运动、髋部运动和踢腿运动等。

1. 头部运动

两手叉腰，两脚左右开立，做头部向前、向后、向左、向右，以及绕环运动。见图 2-3-1。

图 2-3-1

2. 肩部运动

手扶肩部，屈臂向前、向后绕环，以及直臂绕环。见图 2-3-2。

图 2-3-2

3. 扩胸运动

屈臂向后振动及直臂向后振动。见图 2-3-3。

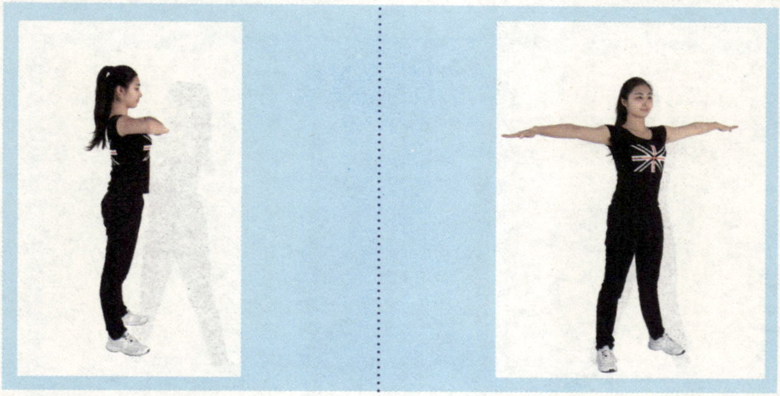

图 2-3-3

4. 体侧运动

两脚左右开立，一手叉腰，另一臂上举，并随上体向对侧振动。见图 2-3-4。

图 2-3-4

5. 体转运动

两脚左右开立，两臂体前屈，身体向左、向右有节奏地扭转。见图 2-3-5。

图 2-3-5

6. 髋部运动

两脚左右开立，两手叉腰，髋关节放松，向左、向右 360 度旋转。见图 2-3-6。

图 2-3-6

7. 踢腿运动

两臂上举后振，同时一腿向后半步，重心置于前腿，两臂下摆后振，同时向前上方踢腿。见图 2-3-7。

图 2-3-7

二、运动后放松

运动后放松是指运动后进行的一些能够加速机体功能恢复的、较轻松的身体活动。与运动前的准备活动相反，其目的是使锻炼者的生理机能水平逐步得到恢复。

(一)放松方法

1. 运动性手段

(1) 运动结束后，锻炼者可采用变换运动部位的方法来消除疲劳，如上肢出现疲劳时可做一些慢跑运动，下肢出现疲劳时，可做一些上肢运动。

(2) 转换运动类型也是一种不错的放松方法，如打羽毛球出现疲劳时可做瑜伽来达到放松的目的。

(3) 还可以用调整运动强度的方法来缓解疲劳，如可以在放松过程中，采用小强度的轻微运动方法等。

2. 整理活动

(1) 整理活动是指运动后所做的一些能够加速机体功能恢复的身体活动，如剧烈运动后进行 3 ～ 5 分钟慢跑或其他整理活动，使身体机能得以恢复。

(2) 剧烈运动后若不做整理活动而骤然停止动作，会影响氧气的补充和静脉血的回流，使机体血压降低，引起不良反应。见图 2-3-8。

(二) 注意事项

1. 在进行整理活动时动作应缓慢、放松，运动量不要过大，否则会引发新的疲劳。

2. 在进行整理活动时，应当保持心情舒畅、精神愉悦。

图 2-3-8

三、自我养护

锻炼后，锻炼者感觉身体疲劳是一种正常的生理现象，是体育锻炼过程中的正常反应。随着体育锻炼时间的延长，疲劳症状自然会消失。运动性疲劳出现后，锻炼者如果采用一些自我养护措施，可以加速身体机能的恢复，尽快消除疲劳，提高锻炼效果。常见的自我养护方法主要包括运动后休息、合理营养和物理手段。

（一）运动后休息

1. 静止性休息

（1）静止性休息是指锻炼者运动后保持机体相对静止的状态，以促进身体机能恢复，尽快消除疲劳。

（2）静止性休息的最佳方式是睡眠，特别是刚开始从事锻炼者，身体不适应或疲劳症状明显时，更应该保证充足的睡眠，否则，锻炼者虽然积极参加了体育锻炼，但收效甚微，甚至会导致过度疲劳症状的发生。

（3）静止性休息更适合消除全身运动导致的整体疲劳症状。见图 2-3-9。

图 2-3-9

2. 积极性休息

（1）积极性休息更适合由于少量肌肉群参与工作而导致的局部疲劳，或运动强度较大而导致的快速疲劳。

（2）积极性休息可以加速血液循环，有利于代谢物排出体外，对促进身体机能的恢复具有明显的效果。见图 2-3-10。

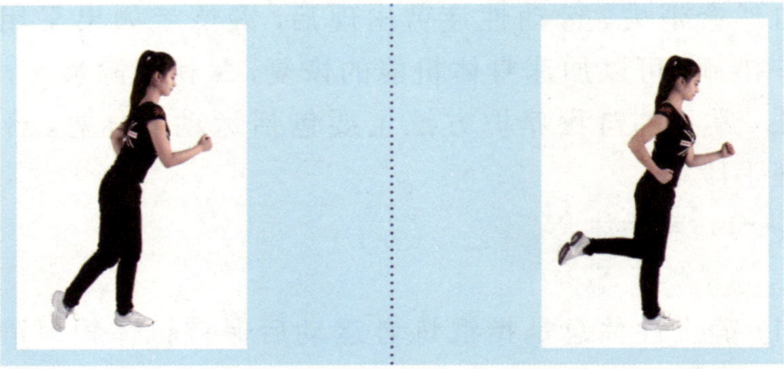

图 2-3-10

(二)合理营养

小强度、长时间的运动形式，主要是靠糖原的有氧代谢提供能量。运动后应及时补充淀粉类食物，如面粉、大米等，以促进糖原的合成。随着人民生活水平的提高，在饮食结构中，肉类食品的比重不断增加，而淀粉类食品的比重逐渐减少，这一现象应当引起人们的注意。特别是老年人参加体育锻炼，更应注意对淀粉类食物的补充。

强度较大、时间又相对较长的运动形式，主要是靠糖原的无氧代谢提供能量。这样，糖原无氧代谢产物——乳酸便会在体内大量堆积。因此，运动后应多补充蔬菜、水果等碱性食品，以加速乳酸的清除，尽快消除疲劳。见图 2-3-11。

图 2-3-11

（三）物理手段

1. 按摩及牵拉

（1）通过按摩刺激神经末梢、皮肤结缔组织和毛细血管，可以使紧张的肌肉得以放松，从而改善局部组织，加速全身的血液循环，达到促进身体机能恢复的目的。这种方法可以在锻炼后马上进行。

（2）此外，还可以采取缓慢牵拉肌肉的方法，使收缩的肌肉得到充分的伸展放松。见图 2-3-12。

图 2-3-12

2. 水疗及电疗

（1）水疗包括芬兰式蒸汽浴、热水浴和桑拿浴等多种形式，主要作用是通过提高体温促进血液循环，清除代谢物，以达到尽快消除疲劳、恢复体力的目的。

（2）水疗的时间一般以不超过 30 分钟为宜，如果时间过长，会进一步消耗体力，严重时甚至会出现暂时性脑缺血现象。

（3）如果条件允许，还可以对疲劳的肌肉进行低频治疗。低频治疗仪的原理是模拟针灸疗法，使用时将电极用不干胶对称地粘贴在运动部位表皮上。这种疗法可以促进局部血液循环，改善组织代谢，缓解肌肉酸痛，消除疲劳。

3

第三章 基本技术

轻器械体操是在徒手体操的基础上，手持轻器械进行的体操练习。轻器械体操的练习形式多样，它的主要特点是在身体各部位运动的基础上，充分利用轻器械条件，通过变化轻器械与身体动作的配合，改变练习的强度、难易度和练习形式，来增强身体各部位的肌肉力量，提高控制轻器械的能力，并在发展身体的灵活性、协调性等方面起到良好作用。基本技术包括基本动作和持器械身体动作等。

第一节 基本动作

基本动作是学习轻器械体操的基础，可以为成套的操化练习打下坚实的基础。基本动作包括持器械方法和持器械基本姿势等。

一、持器械方法

持器械方法包括持体操棍方法、持绳方法、持木哑铃方法、持小旗方法和持呼啦圈方法等。

（一）持体操棍方法

★正持

1. 动作方法

两手拇指与食指持棍，其余三指自然贴放于棍身，两手拳眼向内。见图 3-1-1。

2. 技术要点

拳眼相对，两手距离与肩同宽。

3. 错误纠正

练习时易出现两手持棍距离过大等问题。因此，应按照要求，两手距离与肩同宽。

图 3-1-1

图 3-1-2

★反持

1. 动作方法

两手拇指与食指持棍，其余三指自然贴放于棍身，两手拳眼向外。见图 3-1-2。

2. 技术要点

拳眼相背，两手距离与肩同宽。

3. 错误纠正

练习时易出现端肩等问题。因此，应按照要求，两臂放松，反臂持棍。

★正反持

1. 动作方法

一只手正持，一只手反持，两手拳眼向同一方向。见图 3-1-3。

图 3-1-3

2. 技术要点

两手拳眼方向相同，两手距离与肩同宽。

3. 错误纠正

练习时易出现两手持棍距离不均等问题。因此，应按照要求，两手距离与肩同宽。

★交叉持

1. 动作方法

两手体前交叉，正持棍。见图 3-1-4。

2. 技术要点

两臂伸直，拳眼相背。

3. 错误纠正

练习时易出现拳眼指向同一方向等问题。因此，应按照要求，拳眼相背。

图 3-1-4

（二）持绳方法

1. 动作方法

(1) 将绳折成两折或三折。

(2) 持绳两端，两手距离与肩同宽

图 3-1-5

图 3-1-6

图 3-1-7

或略宽于肩。

(3) 两手虎口相对，拇指内扣，其余四指自然卷握于绳端，将绳拉紧。见图 3-1-5。

2. 技术要点

始终保持绳的紧绷。

3. 错误纠正

练习时易出现绳没有对折或没有拉直等问题。因此，应按照正确方法，保持绳的长短适中与紧绷。

(三) 持木哑铃方法

1. 动作方法

(1) 除拇指外，其余四指自然叠放在握把的表面。

(2) 拇指内扣，呈锁握。见图 3-1-6。

2. 技术要点

(1) 虎口对准铃头。

(2) 拇指内扣。

3. 错误纠正

练习时易出现拇指外展等问题。因此，应按照正确方法，锁握哑铃。

(四) 持小旗方法

★单手持旗

1. 动作方法

除拇指外，其余四指卷握，拇指环扣旗杆底端，形成锁握。见图 3-1-7。

2. 技术要点

锁握旗杆底端。

3. 错误纠正

练习时易出现手持旗杆上端等问题。因此，应按照正确方法，手持旗杆底端。

★双手持双旗

1. 动作方法

两手锁握两旗，握姿与单手一致。见图 3-1-8。

2. 技术要点

旗杆与手要紧密贴合，保证持旗的稳定性。

3. 错误纠正

练习时易出现两手持旗杆过于靠上等问题。因此，应按照正确方法，两手持旗杆的底端。

（五）持呼啦圈方法

1. 动作方法

手臂伸直，除拇指外，其余四指卷握，拇指环扣呼啦圈，形成锁握。见图 3-1-9。

2. 技术要点

持圈要稳，手臂伸直。

3. 错误纠正

练习时易出现拇指外翻等问题。因此，应按照正确方法，拇指内扣，形成锁握，保证动作的稳定性与安全性。

图 3-1-8

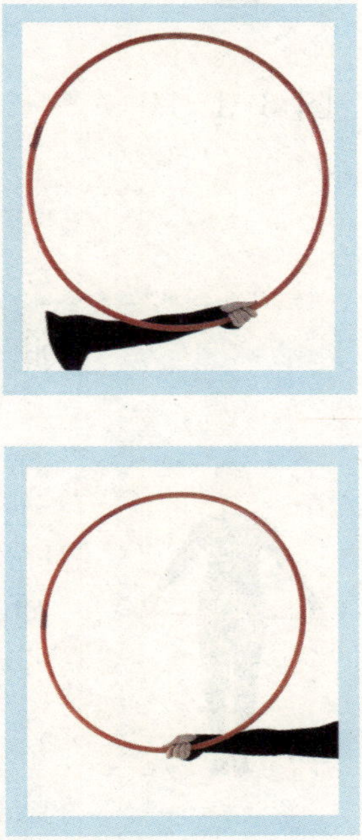

图 3-1-9

二、持器械基本姿势（预备姿势）

持器械基本姿势是一切操化动作的起始动作，包括持器械正立和持器械稍息等。

（一）持器械正立

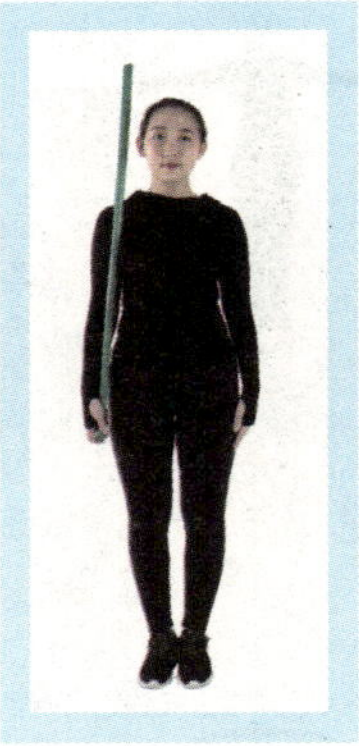

图 3-1-10

★持棍正立

1. 动作方法

(1) 当听到“持棍正立”口令后，单手持棍。

(2) 右手拇指与食指持棍一端，其余三指自然贴放于棍身，虎口对棍。

(3) 手臂下垂，使棍与地面垂直，靠于右肩前方。

(4) 身体保持正立姿势。见图 3-1-10。

2. 技术要点

手臂放松，自然垂落。

3. 错误纠正

练习时易出现身体姿势不端正等问题。因此，应按照正确方法，保持正立姿势。

图 3-1-11

★持绳正立

1. 动作方法

(1) 当听到“持绳正立”的口令后，两手持绳。

(2) 两手持折绳两端。

(3) 两臂略前举，手腕平直，使绳在体前绷紧，与地面平行。

(4) 身体保持正立姿势。见图 3-1-11。

2. 技术要点

两手距离与肩同宽或略宽于肩。

3. 错误纠正

练习时易出现挑腕等问题。因此，应按照正确方法，手腕平直，使绳在体前绷紧。

★持哑铃正立

1. 动作方法

(1) 两手自然下垂，手腕立直，锁握哑铃。

(2) 两臂紧贴于身体两侧。

(3) 身体保持正立姿势。见图 3-1-12。

2. 技术要点

两臂夹紧，贴于身体两侧。

3. 错误纠正

练习时易出现两臂外展等问题。因此，应按照正确方法，两臂紧贴于身体两侧。

图 3-1-12

★持呼啦圈正立

1. 动作方法

(1) 单手锁握圈体，置于体侧，使圈挂于右肩上方。

(2) 身体保持正立姿势。见图 3-1-13。

2. 技术要点

单手轻扶圈体，身体保持正立。

3. 错误纠正

练习中易出现身体侧倾支撑圈体等问题。因此，应按照正确方法，保持正立姿势，轻扶圈体。

图 3-1-13

图 3-1-14

★**持小旗正立**

1. 动作方法

(1) 两手锁握两旗杆底端。

(2) 两臂自然下垂，夹紧身体，手腕竖直。

(3) 身体保持正立姿势。见图 3-1-14。

2. 技术要点

保持旗杆与地面垂直。

3. 错误纠正

练习时易出现立腕，旗杆平行于地面等问题。因此，应按照正确方法，竖腕持旗。

(二) 持器械稍息(以持小旗为例)

1. 动作方法

(1) 两手持小旗自然垂于体侧。

(2) 左脚向左前方伸出约 2/3 脚的距离。

(3) 身体重心略向左侧转移。

(4) 上体保持正直。见图 3-1-15。

2. 技术要点

持小旗动作不变，注意重心的移动。

3. 错误纠正

练习时易出现重心没有移动等问题。因此，应按照正确方法，重心随出脚移动。

图 3-1-15

第二节 持器械身体动作

持器械身体动作是轻器械体操的基本技术动作。通过练习，能够增强练习者身体的灵活性，包括持器械上肢运动、持器械躯干运动和持器械下肢运动等。

一、持器械上肢运动（以体操棍为例）

持器械上肢运动即上肢的操化动作，通过练习，可以使练习者了解持器械上肢的基本体位与动作。持器械上肢运动包括上举、前平举、侧平举和胸前屈等。

（一）上举

1. 动作方法

（1）两手正持棍，两臂伸直，经由体前向上举至头顶上方。

（2）身体保持直立姿势。见图 3-2-1。

2. 技术要点

直臂上举。

3. 错误纠正

练习时易出现肘关节弯曲等问题。因此，应按照正确方法，直臂上举。

图 3-2-1

图 3-2-2

图 3-2-3

（二）前平举

1. 动作方法

(1) 两手正持棍，两臂伸直，举至胸前与肩同高。

(2) 身体保持直立姿势。见图 3-2-2。

2. 技术要点

两臂与肩同高，平行于地面。

3. 错误纠正

练习时易出现举臂高度高于或低于肩部等问题。因此，应按照正确方法，前平举时与肩同高。

（三）侧平举

1. 动作方法

(1) 单手或两手持棍，单臂或两臂伸直，向体侧举至与肩同高。

(2) 身体保持直立姿势。见图 3-2-3。

2. 技术要点

手臂伸直，与肩同高。

3. 错误纠正

练习时易出现肘关节弯曲等问题。因此，应按照正确方法，侧平举时伸直手臂。

(四)胸前屈

1. 动作方法

(1) 两手正持或反持棍，两臂夹紧，经由体前向上举，同时前臂向内折叠，肘关节指向地面，两手与肩同高。

(2) 身体保持直立姿势。见图 3-2-4。

2. 技术要点

两臂回折，贴紧身体。

3. 错误纠正

练习时易出现上臂与前臂折叠不紧等问题。因此，应按照正确方法，上臂与前臂尽量贴合，保持动作的规范性。

图 3-2-4

二、持器械躯干运动(以体操棍为例)

持器械躯干运动即躯干的操化动作，通过对躯干运动的介绍，可以使练习者了解持器械躯干的基本体位与动作。持器械躯干运动包括左（右）侧屈和绕环等。

(一)左(右)侧屈

1. 动作方法

(1) 左（右）脚向体侧迈出一步呈开立。

(2) 右（左）手持棍体侧上举，左（右）手持棍胸前平屈。

(3) 上体向左（右）侧屈。见图 3-2-5。

2. 技术要点

侧屈充分，手位正确。

图 3-2-5

3. 错误纠正

练习时易出现侧屈不充分等问题。因此，应按照正确方法，充分侧屈，伸拉腰部韧带。

(二)绕环

1. 动作方法

(1) 两脚开立，两手正持棍，与肩同宽。

(2) 以腰为轴心，上体顺时针或逆时针做圆周运动。见图3-2-6。

2. 技术要点

髋关节转动。

3. 错误纠正

练习时易出现顶髋等问题。因此，应按照正确方法，流畅地转动髋部。

图3-2-6

三、持器械下肢运动（以体操棍为例）

持器械下肢运动即下肢的操化动作，通过练习，可以使练习者了解持器械下肢的基本体位与动作。持器械下肢运动包括举腿和屈膝等。

（一）举腿

1. 动作方法

(1) 右手持棍一端，使棍竖直立于地上，左腿向体前踢出，脚背尽量绷直。

(2) 上身保持正直。见图 3-2-7。

2. 技术要点

保持匀速举腿，依据个人身体条件决定举腿高度。

3. 错误纠正

练习时易出现举腿同时身体摇晃等问题。因此，应按照正确方法，控制好身体重心。

图 3-2-7

（二）屈膝

1. 动作方法

两手持棍前下举，两腿并拢，屈膝下蹲，上身保持正直。见图 3-2-8。

2. 技术要点

下蹲时，腰背挺直。

3. 错误纠正

练习时易出现腰背前倾等问题。因此，应按照正确方法，上身保持正直。

图 3-2-8

4

第四章 实用轻器械操

实用轻器械操是根据各种轻器械的特点，将其基本动作进行组合连接，编排成的成套动作练习。通过对轻器械操的练习，可以使练习者身体的灵活性、协调性、柔韧性得到全面发展。实用轻器械操包括体操棍操、绳操、木哑铃操、小旗操和呼啦圈操等。

第一节 体操棍操

体操棍操属于大众健身操，主要通过各种形式的练习，发展练习者身体的灵活性、柔韧性与协调性，来达到健身的目的。体操棍操包括上肢运动、下蹲运动、体侧运动、体转运动、踢腿运动、腹背运动和跳跃运动等。

一、上肢运动

上肢运动即上肢的操化动作，通过练习，可以锻炼练习者肩部与臂部的灵活性。

(一)第一个 8 拍

1. 动作方法

(1) 预备姿势：持棍正立。

(2)1 拍：两臂体前屈持棍，与肩同高。

(3)2 拍：左脚向左侧迈出一步呈开立，两臂伸直上举。

(4)3 拍：两臂前平举。

(5)4 拍：还原，呈预备姿势。

(6)5 ～ 8 拍：与 1 ～ 4 拍动作相同，方向相反。见图 4-1-1。

预备姿势　　1 拍　　2 拍

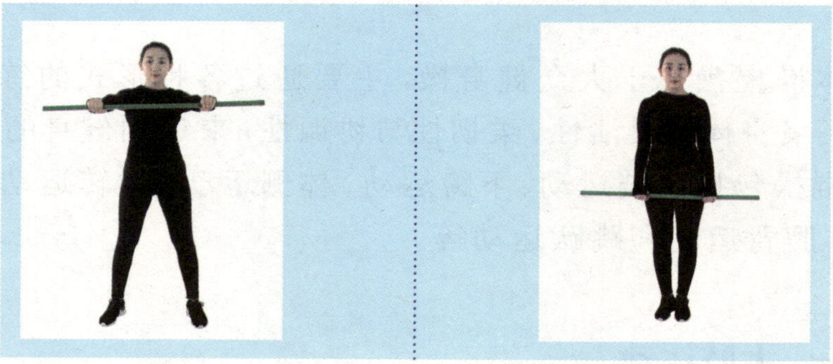

3 拍　　4 拍

图 4-1-1

2. 技术要点

(1) 两手持棍与肩同宽。

(2) 重心放在两脚之间。

3. 错误纠正

练习时易出现持棍姿势不正确，动作不到位等问题。因此，应做两手持棍练习，体会动作要领。

(二) 第二个 8 拍

1. 动作方法

(1) 预备姿势：持棍正立。

(2)1 拍：两臂前平举。

(3)2 拍：竖棍前举，左臂在上，右臂在下。

(4)3 拍：与 1 拍动作相同。

(5)4 拍：还原，呈预备姿势。

(6)5 拍：两脚开立，两臂前平举。

(7)6 拍：还原，呈预备姿势。

(8)7 拍：与 5 拍动作相同。

(9)8 拍：还原，呈预备姿势。见图 4-1-2。

2. 技术要点

手臂要伸直，身体保持直立。

3. 错误纠正

练习时易出现持棍姿势不正确，手臂弯曲等问题。因此，应做持棍练习，体会动作要领。

预备姿势

1 拍

2 拍

3 拍

4 拍

5 拍

6 拍　　7 拍　　8 拍

图 4-1-2

(三)第三个 8 拍

与第一个 8 拍动作相同。

(四)第四个 8 拍

与第二个 8 拍动作相同。

二、下蹲运动

下蹲运动即下肢蹲起的操化动作，通过练习，可以锻炼练习者的膝关节和大腿肌肉。

(一)第一个 8 拍

1. 动作方法

(1) 预备姿势：持棍正立。

(2)1 拍：两脚并立，两臂前平举。

(3)2 拍：两腿半蹲，两臂下举。

(4)3 拍：并立提踵，两手反持棍，胸前屈。

(5)4 拍：还原，呈预备姿势。

(6)5 ～ 8 拍：与 1 ～ 4 拍动作相同。见图 4-1-3。

预备姿势　　1 拍　　2 拍

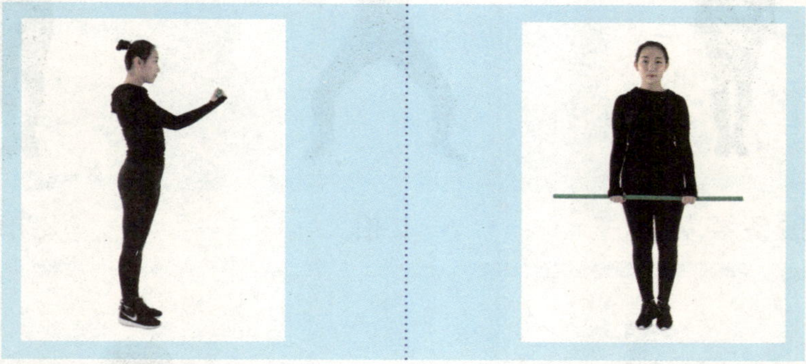

3 拍　　4 拍

图 4-1-3

2. 技术要点

上身保持正直，头要正，颈要直。

3. 错误纠正

练习时易出现持棍姿势不正确，胸前屈臂角度大等问题。因此，应做持棍和徒手胸前屈练习，体会动作要领。

(二) 第二个 8 拍

1. 动作方法

(1) 预备姿势：持棍正立。

(2)1 拍：左脚向左侧迈出，开立半蹲，两臂前平举。

(3)2 拍：还原，呈直立，右脚并于左脚，同时两臂胸前交叉，呈左手在上，右手在下的交叉屈。

(4)3 拍：与 1 拍动作相同。

(5)4 拍：右脚并于左脚，呈预备姿势。

(6)5 ～ 8 拍：与 1 ～ 4 拍动作相同，方向相反。见图 4-1-4。

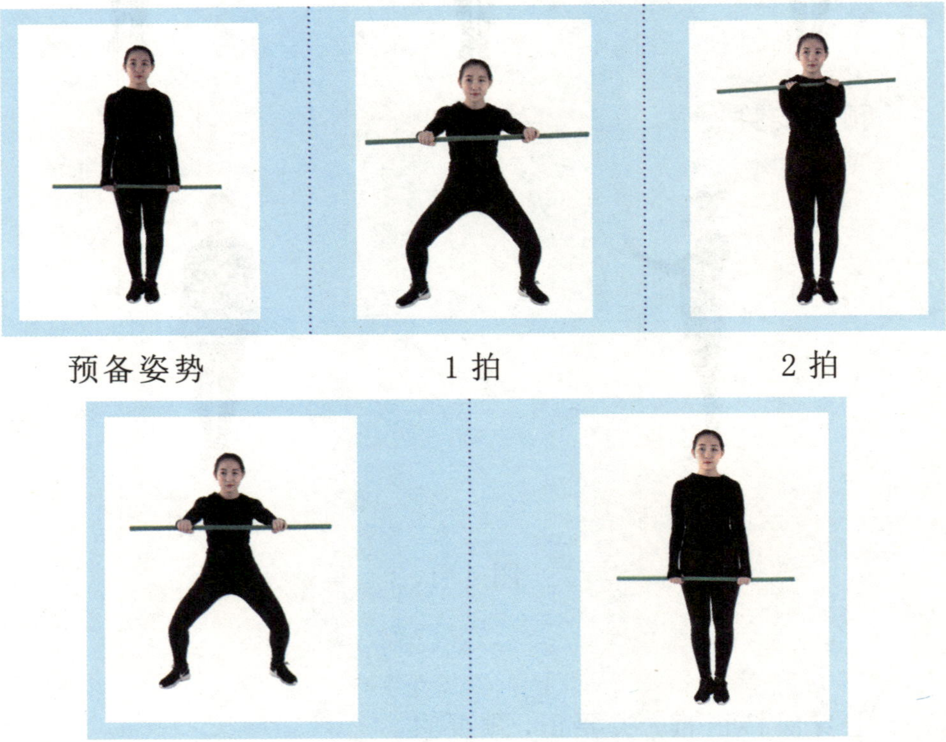

预备姿势　　1 拍　　2 拍

3 拍　　4 拍

图 4-1-4

2. 技术要点

(1) 交叉臂持棍时，手腕要直。

(2) 上身保持正直。

3. 错误纠正

练习时易出现持棍姿势不正确,前平举时手臂弯曲等问题。因此，应做持棍练习，或用棍固定手臂帮助其伸直，体会动作要领。

(三)第三个8拍

与第一个8拍动作相同。

(四)第四个8拍

与第二个8拍动作相同。

三、体侧运动

体侧运动即身体侧屈的操化动作，通过练习，可以锻炼练习者腰部的柔韧性。

(一)第一个8拍

1. 动作方法

(1) 预备姿势：持棍正立。

(2)1～3拍：左脚向左侧迈出一步呈开立,右手持棍侧上举，左手持棍胸前平屈，上体向左侧屈振两次。

(3)4拍：还原，呈预备姿势。

(4)5～8拍：与1～4拍动作相同，方向相反。见图4-1-5。

2. 技术要点

上身保持正直，两腿伸直。

3. 错误纠正

练习时易出现持棍姿势不正确，侧屈不到位等问题。因此，应做持棍练习，或做徒手最大幅度的叉腰侧屈练习，体会动作要领。

预备姿势　　1～3 拍　　4 拍

图 4-1-5

(二)第二个 8 拍

1. 动作方法

(1) 预备姿势：两腿并拢呈直立，两手体后持棍。

(2)1 拍：左脚向左侧迈出呈开立。

(3)2～3 拍：左脚尖点地，右手持棍侧上举，左臂腰后屈持棍，上体向左侧屈振两次。

(4)4 拍：还原，呈预备姿势。

(5)5～8 拍：与 1～4 拍动作相同，方向相反。见图 4-1-6。

2. 技术要点

上身保持正直，两腿伸直。

3. 错误纠正

练习时易出现持棍姿势不正确，侧屈不到位等问题。因此，应做持棍练习，或做徒手最大幅度的叉腰侧屈练习，体会动作要领。

预备姿势　　1 拍

2 ～ 3 拍　　4 拍

图 4-1-6

（三）第三个 8 拍

与第一个 8 拍动作相同。

（四）第四个 8 拍

与第二个 8 拍动作相同。

四、体转运动

体转运动即身体的侧转动作，通过练习，可以锻炼练习者腰部的灵活性。

(一)第一个8拍

1. 动作方法

(1) 预备姿势：持棍正立。

(2)1 拍：左脚向左侧迈出呈开立，两臂前平举。

(3)2 拍：上体左转。

(4)3 拍：与 1 拍动作相同。

(5)4 拍：还原，呈预备姿势。

(6)5 ～ 8 拍：与 1 ～ 4 拍动作相同，方向相反。见图 4-1-7。

预备姿势　　1 拍　　2 拍

3 拍　　4 拍

图 4-1-7

2. 技术要点

(1) 上体转动时，下肢保持不动。

(2) 手臂要伸直。

3. 错误纠正

练习时易出现手臂弯曲，转体时腿弯曲等问题。因此，应做徒手练习，体会动作要领。

(二) 第二个 8 拍

1. 动作方法

(1) 预备姿势：持棍正立。

(2)1 拍：左脚向左侧迈出呈开立，两臂上举。

(3)2 拍：上体右转，两臂肩侧屈，持棍于头后。

(4)3 拍：与 1 拍动作相同。

(5)4 拍：还原，呈预备姿势。

(6)5 ～ 8 拍：与 1 ～ 4 拍动作相同，方向相反。见图 4-1-8。

2. 技术要点

(1) 上体转动时，下肢保持不动。

(2) 手臂要伸直。

3. 错误纠正

练习时易出现上举手臂弯曲，转体时腿弯曲等问题。因此，应做徒手练习，体会动作要领。

预备姿势　　1 拍　　2 拍

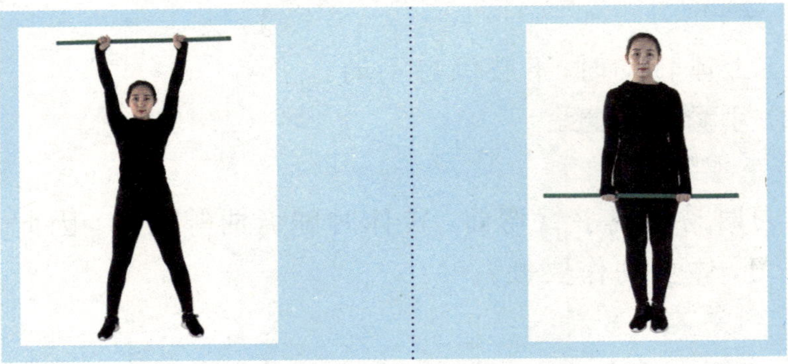

3 拍　　　　4 拍

图 4-1-8

(三) 第三个 8 拍

与第一个 8 拍动作相同。

(四) 第四个 8 拍

与第二个 8 拍动作相同。

五、踢腿运动

踢腿运动即腿部的蹬踢动作，通过练习，可以锻炼练习者腿部的灵活性。

(一) 第一个 8 拍

1. 动作方法

(1) 预备姿势：持棍正立。

(2) 1 拍：左脚向体前一步，重心前移，两臂上举。

(3) 2 拍：右腿前踢，两臂经体前向右侧后摆。

(4) 3 拍：与 1 拍动作相同。

(5) 4 拍：还原，呈预备姿势。

(6)5 ～ 8 拍：与 1 ～ 4 拍动作相同，方向相反。见图 4-1-9。

预备姿势　　1 拍　　2 拍

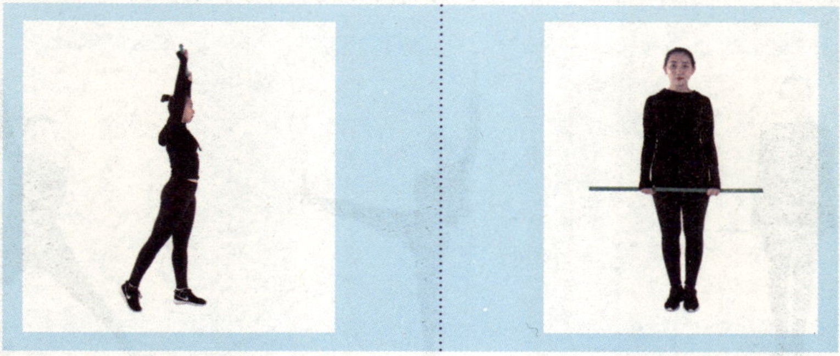

3 拍　　4 拍

图 4-1-9

2. 技术要点

(1) 重心随步法移动。

(2) 前踢时，最大限度地踢腿。

3. 错误纠正

练习时易出现持棍姿势不正确，踢腿不到位等问题。因此，应做持棍练习，同时可借助他人力量进行托腿举起练习，体会动作要领。

(二)第二个 8 拍

1. 动作方法

(1) 预备姿势：持棍正立。

(2)1 拍：左腿侧踢，同时右手持棍侧上举，左手持棍胸前平屈。

(3)2 拍：左脚向左侧跨一大步呈弓步，左手持棍侧上举，右手持棍胸前平屈。

(4)3 拍：与 1 拍动作相同。

(5)4 拍：还原，呈预备姿势。

(6)5 ～ 8 拍：与 1 ～ 4 拍动作相同，方向相反。见图 4-1-10。

预备姿势　1 拍　2 拍

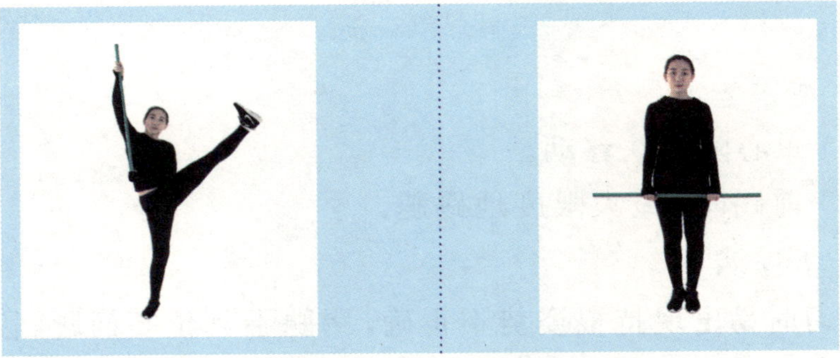

3 拍　4 拍

图 4-1-10

2. 技术要点

侧踢时，最大限度地举腿。

3. 错误纠正

练习时易出现持棍姿势不正确，踢腿不到位等问题。因此，应做持棍练习，同时可借助他人力量进行托腿举起练习，体会动作要领。

（三）第三个8拍

与第一个8拍动作相同。

（四）第四个8拍

与第二个8拍动作相同。

六、腹背运动

腹背运动即腹背的伸展动作，通过练习，可以使练习者缓解腹背部的疲劳感。

（一）第一个8拍

1. 动作方法

(1) 预备姿势：持棍正立。

(2) 1～2拍：两臂上举，上体后展。

(3) 3～4拍：上体前屈，两臂下伸。

(4) 5～6拍：两腿半蹲，两臂体前斜下伸。

(5) 7～8拍：还原，呈站立姿势，左脚向体前一步，两臂上举。见图4-1-11。

2. 技术要点

(1) 两手持棍距离与肩同宽。

(2) 上体后展要充分。

预备姿势　　　　1～2拍　　　　3～4拍

5～6拍　　　　7～8拍

图 4-1-11

3. 错误纠正

练习时易出现屈伸动作不到位，手臂弯曲等问题。因此，应徒手做屈和举的动作，熟练后再结合器械，体会动作要领。

(二)第二个8拍

1. 动作方法

(1) 预备姿势：持棍正立。

(2)1拍：两臂上举，上体后展。

(3)2 拍：上体前屈，两臂下伸，以棍触地。

(4)3 ～ 4 拍：与 1 ～ 2 拍动作相同。

(5)5 ～ 7 拍：两手持棍，顺时针做躯干绕环。

(6)8 拍：还原，呈预备姿势。见图 4-1-12。

预备姿势　　1 拍　　2 拍

3 拍　　4 拍　　5 ～ 7 拍

8 拍

图 4-1-12

2. 技术要点

(1) 两手持棍距离与肩同宽。

(2) 上体后展要充分。

3. 错误纠正

练习时易出现屈伸动作不到位，手臂弯曲等问题。因此，应徒手做屈和举的动作，熟练后再结合器械，体会动作要领。

(三) 第三个 8 拍

与第一个 8 拍动作相同。

(四) 第四个 8 拍

与第二个 8 拍动作相同。

七、跳跃运动

跳跃运动即腿部用力，使身体弹跳的动作，通过练习，可以使练习者放松腿部肌肉。

（一）第一个 8 拍

1. 动作方法

(1) 预备姿势：持棍正立。

(2)1 拍：跳成开立，两臂前平举。

(3)2 拍：还原，呈预备姿势。

(4)3 拍：跳成开立，两臂上举。

(5)4 拍：还原，呈预备姿势。

(6)5 ～ 8 拍：与 1 ～ 4 拍动作相同。见图 4-1-13。

2. 技术要点

(1) 两手持棍距离与肩同宽或略宽于肩。

(2) 上身保持挺直。

预备姿势　　1 拍　　2 拍

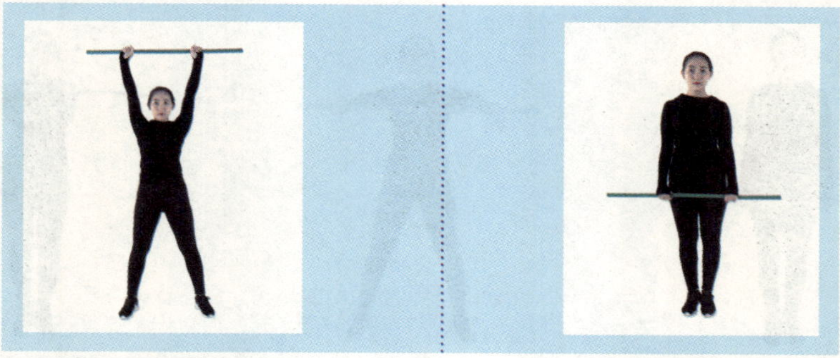

3 拍　　4 拍

图 4-1-13

3. 错误纠正

练习时易出现持棍姿势不正确，手臂弯曲等问题。因此，应做持棍和徒手直臂练习，体会动作要领。

(二)第二个8拍

1. 动作方法

(1) 预备姿势：持棍正立。

(2)1 拍：跳成开立，两臂前平举。

(3)2 拍：跳成并立，左手上翻转棍，两臂胸前交叉，持棍于胸前。

(4)3 拍：与 1 拍动作相同。

(5)4 拍：还原，呈预备姿势。

(6)5 ～ 8 拍：与 1 ～ 4 拍动作相同。见图 4-1-14。

2. 技术要点

(1) 交叉臂持棍，动作要快。

(2) 节奏感要强。

3. 错误纠正

练习时易出现持棍姿势不正确，前平举手臂弯曲等问题。因此，应做持棍和徒手直臂练习，体会动作要领。

预备姿势　　1 拍　　2 拍

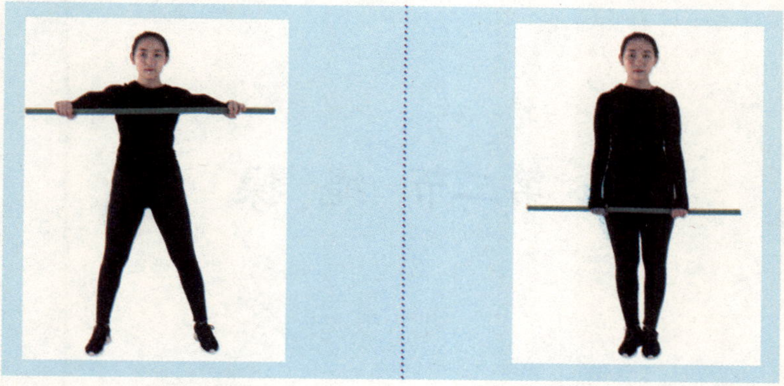

3 拍　　4 拍

图 4-1-14

(三)第三个 8 拍

与第一个 8 拍动作相同。

(四)第四个 8 拍

与第二个 8 拍动作相同。

第二节 绳 操

绳操是配合绳子特点专门设计的一套健身操。通过绳操练习，可以锻炼练习者身体的灵活性、柔韧性和协调性，重点锻炼两臂、背部和腰部。绳操包括平衡运动、下蹲运动、踢腿运动、体侧运动、体转运动、伸展运动、全身运动和跳跃运动等。

一、平衡运动

平衡运动即身体通过单脚支撑做平衡的动作，通过练习，可以锻炼练习者的平衡性。

(一)第一个 8 拍

1. 动作方法

(1) 预备姿势：持绳正立。

(2)1 ～ 3 拍：右脚向体前一小步，上体前屈，左腿后举，同时两臂前平举呈燕式平衡。

(3)4 拍：还原，呈预备姿势。

(4)5 ～ 8 拍：与 1 ～ 4 拍动作相同，方向相反。见图 4-2-1。

2. 技术要点

身体要保持稳定。

预备姿势　　1～3 拍　　4 拍

图 4-2-1

3. 错误纠正

练习时易出现持绳姿势不正确，手臂弯曲等问题。因此，应做持绳练习，或用细长硬物将手臂固定，帮助其伸直。

(二) 第二个 8 拍

与第一个 8 拍动作相同，方向相反。

(三) 第三个 8 拍

与第一个 8 拍动作相同。

(四) 第四个 8 拍

与第二个 8 拍动作相同。

二、下蹲运动

下蹲运动即下肢蹲起的操化动作，通过练习，可以锻炼练习者的膝关节和大腿肌肉。

(一) 第一个 8 拍

1. 动作方法

(1) 预备姿势：持绳正立。

(2)1 拍：两臂上举，抬头、挺胸。

(3)2 拍：上体前屈，手指触地。

(4)3 拍：起踵，两腿屈膝半蹲，同时两臂前平举。

(5)4 拍：还原，呈预备姿势。

(6)5 ～ 8 拍：与 1 ～ 4 拍动作相同。见图 4-2-2。

预备姿势　　1 拍　　2 拍

3 拍　　4 拍

图 4-2-2

2. 技术要点

(1) 两手持绳距离略宽于肩。

(2) 上体前屈时，腿要伸直。

3. 错误纠正

练习时易出现手臂弯曲，腿部弯曲等问题。因此，应用细长硬物固定手臂和腿，辅助练习。

(二)第二个 8 拍

与第一个 8 拍动作相同。

(三)第三个 8 拍

与第一个 8 拍动作相同。

(四)第四个 8 拍

与第一个 8 拍动作相同。

三、踢腿运动

踢腿运动即腿部的蹬踢动作，通过练习，可以锻炼练习者腿部的灵活性。

(一)第一个 8 拍

1. 动作方法

(1) 预备姿势：持绳正立。

(2)1 拍：左脚向体前迈出一步，重心前移，右脚尖点地，同时两臂上举，抬头。

(3)2 拍：右腿向前上方踢起，同时两臂向右后方摆动。

(4)3 拍：与 1 拍动作相同。

(5)4 拍：还原，呈预备姿势。

(6)5 ～ 8 拍：与 1 ～ 4 拍动作相同，方向相反。见图 4-2-3。

2. 技术要点

(1) 两臂上举时，挺胸，抬头。

(2) 踢腿时，腿要伸直。

3. 错误纠正

练习时易出现持绳姿势不正确，上举手臂弯曲等问题。因此，应做两手持绳和徒手直臂上举练习，体会动作要领。

预备姿势　　1 拍　　2 拍

3 拍　　4 拍

图 4-2-3

(二)第二个 8 拍

与第一个 8 拍动作相同，方向相反。

(三)第三个 8 拍

与第一个 8 拍动作相同。

(四)第四个 8 拍

与第二个 8 拍动作相同。

四、体侧运动

体侧运动即身体侧屈的操化动作，通过练习，可以锻炼练习者腰部的柔韧性。

(一)第一个8拍

1. 动作方法

(1) 预备姿势：持绳正立。

(2)1 拍：左脚向左侧迈出一步，同时两臂前平举。

(3)2 ～ 3 拍：两臂经下方绕至左臂上举，右臂胸前平屈。再向右侧屈振一次。

(4)4 拍：还原，呈预备姿势。

(5)5 ～ 8 拍：与 1 ～ 4 拍动作相同。见图 4-2-4。

2. 技术要点

两腿要伸直。

3. 错误纠正

练习时易出现持绳姿势不正确，侧屈不到位等问题。因此，应做持绳练习和徒手最大幅度的叉腰侧屈练习，体会动作要领。

预备姿势　　1 拍　　2 ～ 3 拍　　4 拍

图 4-2-4

（二）第二个8拍

与第一个8拍动作相同，方向相反。

（三）第三个8拍

与第一个8拍动作相同。

（四）第四个8拍

与第二个8拍动作相同。

五、体转运动

体转运动即身体的侧转动作，通过练习，可以锻炼练习者腰部的灵活性。

（一）第一个8拍

1．动作方法

（1）预备姿势：持绳正立。

（2）1拍：左脚向左侧迈出一步，同时两臂前平举。

（3）2拍：上体向左转体90度。

（4）3拍：上体向右转体180度。

（5）4拍：还原，呈预备姿势。

（6）5拍：左脚向体前迈一大步呈弓步，同时两臂上举。

（7）6拍：上体前倾，略向右转，同时两臂向下绕至右臂侧平举，左臂胸前平屈。

（8）7拍：与5拍动作相同。

（9）8拍：还原，呈预备姿势。见图4-2-5。

2．技术要点

（1）上体转动时，下肢保持不动。

（2）上举时，两臂夹紧耳侧。

图 4-2-5

3. 错误纠正

练习时易出现持绳姿势不正确，转体时两腿弯曲等问题。因此，应做两手持绳练习，同时用细长硬物固定腿部，辅助练习。

(二)第二个 8 拍

与第一个 8 拍动作相同,方向相反。

(三)第三个 8 拍

与第一个 8 拍动作相同。

(四)第四个 8 拍

与第二个 8 拍动作相同。

六、伸展运动

伸展运动即通过转体和上举使身体舒展的动作,通过练习,可以使练习者的身体全面放松。

(一)第一个 8 拍

1. 动作方法

(1) 预备姿势:持绳正立。

(2)1 拍:左脚向左侧迈出一步,同时两臂前平举。

(3)2 拍:向左转体 90 度,右脚尖点地,同时两臂向上绕至上举,抬头、挺胸。

(4)3 拍:与 1 拍动作相同。

(5)4 拍:还原,呈预备姿势。

(6)5 ~ 8 拍:与 1 ~ 4 拍动作相同,方向相反。见图 4-2-6。

2. 技术要点

(1) 两手持绳距离与肩同宽或略宽于肩。

(2) 上举时,两臂夹紧耳侧。

3. 错误纠正

练习时易出现持绳姿势不正确,手臂弯曲等问题。因此,应做两手持绳和徒手直臂上举练习,体会动作要领。

预备姿势　　1 拍　　2 拍

3 拍　　4 拍

图 4-2-6

（二）第二个 8 拍

与第一个 8 拍动作相同，方向相反。

（三）第三个 8 拍

与第一个 8 拍动作相同。

（四）第四个 8 拍

与第二个 8 拍动作相同。

七、全身运动

全身运动即全身各关节都参与活动的动作，通过练习，可以使练习者身体各个关节都得到锻炼。

(一)第一个8拍

1.动作方法

(1)预备姿势：持绳正立。

(2)1拍：左脚向左侧迈出一步，同时两臂上举，抬头、挺胸。

(3)2拍：上体向右侧前屈，至两手在右脚外侧触地。

(4)3拍：与1拍动作相同。

(5)4拍：上体向左侧前屈，至两手在左脚外侧触地。

(6)5～7拍：上体顺时针绕环一周。

(7)8拍：还原，呈预备姿势。见图4-2-7。

预备姿势

1拍

2拍

3拍

4拍

5～7拍

8 拍

图 4-2-7

2. 技术要点

(1) 两手持绳，距离与肩同宽或略宽于肩。

(2) 上体前屈时，腿要伸直。

3. 错误纠正

练习时易出现持绳姿势不正确，上体前屈时腿部弯曲等问题。因此，应做两手持绳练习，同时用细长硬物固定腿部，辅助练习。

(二) 第二个 8 拍

与第一个 8 拍动作相同，方向相反。

(三) 第三个 8 拍

与第一个 8 拍动作相同。

(四) 第四个 8 拍

与第二个 8 拍动作相同。

八、跳跃运动

跳跃运动即腿部用力，使身体弹跳的动作，通过练习，可以使练习者放松腿部肌肉。

（一）第一个 8 拍

1. 动作方法

(1) 预备姿势：持绳正立。

(2)1 拍：两脚跳起，呈左前弓步，同时两臂上举。

(3)2 拍：跳起还原，呈预备姿势。

(4)3 拍：两脚跳起，呈左侧弓步，同时左臂胸前平屈，右臂侧平举。

(5)4 拍：跳起还原，呈预备姿势。

(6)5 ～ 8 拍：与 1 ～ 4 拍动作相同，方向相反。见图 4-2-8。

2. 技术要点

(1) 两手持绳距离与肩同宽或略宽于肩。

(2) 弓步时，挺胸，抬头。

3. 错误纠正

练习时易出现持绳姿势不正确，上举手臂弯曲等问题。因此，应做两手持绳和徒手直臂上举练习，体会动作要领。

预备姿势　　1 拍　　2 拍

3 拍　　4 拍

图 4-2-8

(二) 第二个 8 拍

与第一个 8 拍动作相同，方向相反。

(三) 第三个 8 拍

与第一个 8 拍动作相同。

(四) 第四个 8 拍

与第二个 8 拍动作相同。

第三节 木哑铃操

木哑铃操的动作灵活，趣味性强，可以根据不同的节奏，在8拍一组的动作中做次数不等的击铃动作。通过练习，能够提高练习者身体的灵活性、协调性与柔韧性。木哑铃操包括伸展运动、冲拳运动、踢腿运动、体侧运动、体转运动、腹背运动、全身运动和跳跃运动等。

一、伸展运动

伸展运动即伸拉身体关节的动作，通过练习，可以使练习者的身体得到全面放松。

(一)第一个8拍

1. 动作方法

(1) 预备姿势：持哑铃正立。

(2)1拍：起踵，两臂经体侧前平举，击铃一次。

(3)2拍：两脚落地，两臂后下伸，击铃一次。

(4)3拍：两臂上举，击铃一次。

(5)4拍：还原，呈预备姿势。

(6)5～8拍：与1～4拍动作相同。见图4-3-1。

预备姿势　　1 拍　　2 拍

3 拍　　4 拍

图 4-3-1

2. 技术要点

(1) 两臂伸直。

(2) 挺胸，抬头，目视前方。

3. 错误纠正

练习时易出现两手持铃不紧，击铃动作不到位等问题。因此，应用胶布将手与铃固定，同时加强击铃的动作感觉。

(二) 第二个 8 拍

与第一个 8 拍动作相同。

（三）第三个 8 拍

与第一个 8 拍动作相同。

（四）第四个 8 拍

与第一个 8 拍动作相同。

二、冲拳运动

冲拳运动即利用哑铃进行体前击拳的动作，通过练习，可以锻炼练习者手臂的协调性。

（一）第一个 8 拍

1. 动作方法

(1) 预备姿势：持哑铃正立。

(2)1 拍：左脚左侧迈出呈马步，同时左手向上冲拳，右手贴于体侧腰间。

(3)2 拍：右手向体前冲拳，左手收于腰间。

(4)3 拍：胸前击铃一次。

(5)4 拍：还原，呈预备姿势。

(6)5 ～ 8 拍：与 1 ～ 4 拍动作相同，方向相反。见图 4-3-2。

预备姿势　　1 拍　　2 拍

3 拍　　　　　　　　4 拍

图 4-3-2

2. 技术要点

(1) 冲拳要有力。

(2) 持哑铃要紧。

3. 错误纠正

练习时易出现冲拳速度慢，身体不稳等问题。因此，应加强手臂力量，做徒手的冲拳动作练习。

(二) 第二个 8 拍

与第一个 8 拍动作相同，方向相反。

(三) 第三个 8 拍

与第一个 8 拍动作相同。

(四) 第四个 8 拍

与第二个 8 拍动作相同。

三、踢腿运动

踢腿运动即腿部的蹬踢动作，通过练习，可以锻炼练习者腿部的灵活性。

（一）第一个 8 拍

1. 动作方法

（1）预备姿势：持哑铃正立。

（2）1 拍：左脚向体前一步，右脚尖点地，重心落于左脚，同时两臂后下伸。

（3）2 拍：右腿向前上方踢起，同时两手在右腿下方击铃一次。

（4）3 拍：与 1 拍动作相同。

（5）4 拍：还原，呈预备姿势。

（6）5 ～ 8 拍：与 1 ～ 4 拍动作相同，方向相反。见图 4-3-3。

预备姿势　1 拍　2 拍

3 拍　4 拍

图 4-3-3

2. 技术要点

(1) 踢腿时，脚面尽量绷直。

(2) 重心转换合理，身体要稳。

3. 错误纠正

练习时易出现踢腿时腿弯曲，重心转换不及时等问题。因此，应做压腿练习，注意重心的转换。

(二) 第二个 8 拍

与第一个 8 拍动作相同，方向相反。

(三) 第三个 8 拍

与第一个 8 拍动作相同。

(四) 第四个 8 拍

与第二个 8 拍动作相同。

四、体侧运动

体侧运动即身体侧屈的操化动作，通过练习，可以锻炼练习者腰部的柔韧性。

(一) 第一个 8 拍

1. 动作方法

(1) 预备姿势：持哑铃正立。

(2)1 ～ 2 拍：左脚向左侧迈出一步，同时两臂绕环至上举，击铃一次。

(3)3 拍：左腿侧屈呈弓步，上体向左侧屈，同时两手击铃一次。

(4)4 拍：左脚收回，左手持哑铃侧上举，右手持哑铃体侧屈，与肩同高。

(5)5 ～ 8 拍：与 1 ～ 4 拍动作相同，方向相反。见图 4-3-4。

预备姿势　　1～2拍　　3拍　　4拍

图 4-3-4

2. 技术要点

(1) 弓步时，后腿要蹬直。

(2) 侧屈时，手臂要伸直。

3. 错误纠正

练习时易出现侧屈幅度小，手臂弯曲等问题。因此，应做徒手叉腰侧屈练习，体会动作要领。

(二) 第二个8拍

与第一个8拍动作相同，方向相反。

(三) 第三个8拍

与第一个8拍动作相同。

(四) 第四个8拍

与第二个8拍动作相同。

五、体转运动

体转运动即身体的侧转动作，通过练习，可以锻炼练习者腰部的灵活性。

（一）第一个 8 拍

1. 动作方法

（1）预备姿势：持哑铃正立。

（2）1～2 拍：两臂胸前屈肘，击铃两次。

（3）3 拍：向左侧转体 90 度，同时两臂头后击铃一次。

（4）4 拍：还原，呈预备姿势。

（5）5～8 拍：与 1～4 拍动作相同，方向相反。见图 4-3-5。

2. 技术要点

（1）胸前击铃时，上臂自然下垂。

（2）头后击铃时，挺胸，抬头。

3. 错误纠正

练习时易出现击铃时没有对准铃面，动作幅度小等问题。因此，应慢速练习，增强击铃感觉，也可由他人助力，增大动作幅度。

预备姿势　　1～2 拍　　3 拍　　4 拍

图 4-3-5

（二）第二个 8 拍

与第一个 8 拍动作相同。

（三）第三个 8 拍

与第一个 8 拍动作相同。

（四）第四个 8 拍

与第一个 8 拍动作相同。

六、腹背运动

腹背运动即腹背的伸展动作，通过练习，可以使练习者缓解腹部和背部的疲劳感。

（一）第一个 8 拍

1. 动作方法

(1) 预备姿势：持哑铃正立。

(2)1 拍：两臂上举，击铃一次。

(3)2 拍：上体前屈，在脚背上方击铃一次。

(4)3 拍：上体再向下屈，腿后击铃一次。

(5)4 拍：还原，呈预备姿势。

(6)5 ～ 8 拍：与 1 ～ 4 拍动作相同。见图 4-3-6。

2. 技术要点

(1) 手臂要伸直。

(2) 动作要舒展。

3. 错误纠正

练习时易出现击铃时没有对准铃面，动作幅度小等问题。因此，应慢速练习，增强击铃感觉，也可由他人助力，增大动作幅度。

预备姿势　1 拍　2 拍

3 拍　4 拍

图 4-3-6

(二) 第二个 8 拍

与第一个 8 拍动作相同。

(三) 第三个 8 拍

与第一个 8 拍动作相同。

(四) 第四个 8 拍

与第一个 8 拍动作相同。

七、全身运动

全身运动即全身各关节都参与活动的动作，通过练习，可以使练习者身体各个关节都得到锻炼。

（一）第一个8拍

1. 动作方法

(1) 预备姿势：持哑铃正立。

(2)1 拍：左脚向体前一大步呈前弓步，同时两臂经体侧上举，击铃一次。

(3)2 拍：上体前屈，同时两臂后举，击铃一次。

(4)3 拍：左腿下方击铃一次。

(5)4 拍：还原，呈预备姿势。

(6)5 ～ 8 拍：与 1 ～ 4 拍动作相同，方向相反。见图 4-3-7。

2. 技术要点

(1) 前弓步时，后腿要蹬直。

(2) 目视前方。

3. 错误纠正

练习时易出现击铃声音小，击铃时身体不稳等问题。因此，应加强上肢力量，可做徒手击掌练习，体会动作要领。

预备姿势　　1 拍　　2 拍

3 拍　　　　4 拍

图 4-3-7

（二）第二个 8 拍

与第一个 8 拍动作相同，方向相反。

（三）第三个 8 拍

与第一个 8 拍动作相同。

（四）第四个 8 拍

与第二个 8 拍动作相同。

八、跳跃运动

跳跃运动即腿部用力，使身体弹跳的动作，通过练习，可以使练习者放松腿部肌肉。

（一）第一个 8 拍

1. 动作方法

(1) 预备姿势：持哑铃正立。

(2)1 拍：跳成开立，同时腹前击铃一次。

(3)2 拍：跳成并立，同时两臂后举，击铃一次。

(4)3 拍：跳成开立，同时两臂经体侧上举，击铃一次。

(5)4 拍：还原，呈预备姿势。

(6)5 ～ 8 拍：与 1 ～ 4 拍动作相同。见图 4-3-8。

预备姿势　　1 拍　　2 拍

3 拍　　4 拍

图 4-3-8

2. 技术要点

(1) 开立时，两脚距离与肩同宽。

(2) 两臂伸直。

3. 错误纠正

练习时易出现落地不缓冲，两臂弯曲等问题。因此，两腿应注意弹动，可做徒手动作练习，体会动作要领。

（二）第二个 8 拍

与第一个 8 拍动作相同。

（三）第三个 8 拍

与第一个 8 拍动作相同。

（四）第四个 8 拍

与第一个 8 拍动作相同。

第四节 小旗操

小旗操是指手持小旗进行的操化练习。小旗操动作灵活，可根据练习对象和任务的不同，用两手持一旗、一手持两旗、一手持一旗、两手各持一旗等方式变化做操。通过此练习，可以加强练习者身体的灵活性、柔韧性与协调性。小旗操包括体侧运动、肘部运动、踢腿运动、上肢运动、体转运动、腹背运动、转肩运动和跳跃运动等。

一、体侧运动

体侧运动即身体侧屈的操化动作，通过练习，可以锻炼练习者腰部的柔韧性。

(一)第一个 8 拍

1. 动作方法

(1) 预备姿势：两手持小旗正立。

(2)1 拍：左脚向左侧迈出一步，同时两臂侧上举。

(3)2 拍：左臂由上至下，经体侧呈侧下举。

(4)3 拍：躯干向左侧屈一次，左臂后摆至背部。

(5)4 拍：还原，呈预备姿势。

(6)5 ～ 8 拍：与 1 ～ 4 拍动作相同，方向相反。见图 4-4-1。

图 4-4-1

2. 技术要点

(1) 侧上举时，手臂要伸直。

(2) 侧屈时，身体要正。

3. 错误纠正

练习时易出现手臂弯曲，侧屈幅度小等问题。因此，应做徒手侧上举和叉腰侧屈练习，体会动作要领。

(二)第二个 8 拍

与第一个 8 拍动作相同,方向相反。

(三)第三个 8 拍

与第一个 8 拍动作相同。

(四)第四个 8 拍

与第二个 8 拍动作相同。

二、肘部运动

肘部运动即手肘部位的操化动作,通过练习,可以改善练习者肘关节的灵活性。

(一)第一个 8 拍

1. 动作方法

(1) 预备姿势:两手持小旗正立。

(2)1 拍:两臂向左绕至右臂侧平举、左臂肩侧屈。

(3)2 拍:还原,呈预备姿势。

(4)3 拍:两臂向右绕至左臂侧平举、右臂肩侧屈。

(5)4 拍:还原,呈预备姿势。

(6)5 ~ 8 拍:与 1 ~ 4 拍动作相同,方向相反。见图 4-4-2。

预备姿势　　1 拍　　2 拍

3 拍

4 拍

图 4-4-2

2. 技术要点

(1) 小旗与手臂在一条直线上。

(2) 身体保持正直。

3. 错误纠正

练习时易出现手臂动作不标准，身体晃动等问题。因此，应做徒手动作练习，体会动作要领。

(二) 第二个 8 拍

与第一个 8 拍动作相同，方向相反。

(三) 第三个 8 拍

与第一个 8 拍动作相同。

(四) 第四个 8 拍

与第二个 8 拍动作相同。

三、踢腿运动

踢腿运动即腿部的蹬踢动作，通过练习，可以锻炼练习者腿部的灵活性。

(一)第一个 8 拍

1. 动作方法

(1) 预备姿势：两手持小旗正立。

(2)1 拍：两臂前平举。

(3)2 拍：右腿侧踢，同时左臂上举，右臂下垂。

(4)3 拍：与 1 拍动作相同。

(5)4 拍：还原，呈预备姿势。

(6)5 ～ 8 拍：与 1 ～ 4 拍动作相同，方向相反。见图 4-4-3。

预备姿势　1 拍　2 拍

3 拍　4 拍

图 4-4-3

2. 技术要点

(1) 手臂要伸直。

(2) 侧踢腿要直，尽量高抬。

3. 错误纠正

练习时易出现手臂弯曲，踢腿不直等问题。因此，应做徒手前平举和压腿练习，体会动作要领。

(二)第二个8拍

1. 动作方法

(1) 预备姿势：两手持小旗正立。

(2)1拍：左脚向体前一步，右脚尖点地，重心落于左腿，同时两臂上举。

(3)2拍：右腿前踢，同时两臂经体前右摆，至右臂体后侧平举，左臂胸前平屈。

(4)3拍：与1拍动作相同。

(5)4拍：还原，呈预备姿势。

(6)5～8拍：与1～4拍动作相同，方向相反。见图4-4-4。

2. 技术要点

重心稳定，踢腿要直。

预备姿势　　1拍　　2拍

3 拍　　　　4 拍

图 4-4-4

3. 错误纠正

练习时易出现重心转换不及时，腿弯曲等问题。因此，应做徒手重心转换练习，同时也可借助他人扶腿，辅助伸直。

（三）第三个 8 拍

与第一个 8 拍动作相同。

（四）第四个 8 拍

与第二个 8 拍动作相同。

四、上肢运动

上肢运动即上肢操化动作，通过上肢运动的练习，可以锻炼练习者肩臂部的灵活性。

（一）第一个 8 拍

1. 动作方法

（1）预备姿势：两手持小旗站立。

(2)1 拍：左脚侧出一步与肩同宽，同时两臂侧上举。

(3)2 拍：向后转肩，呈预备姿势。

(4)3 拍：向前转肩，与 1 拍动作相同。

(5)4 拍：还原，呈预备姿势。

(6)5 ～ 8 拍：与 1 ～ 4 拍动作相同，方向相反。见图 4-4-5。

预备姿势　　1 拍　　2 拍

3 拍　　4 拍

图 4-4-5

2. 技术要点

(1) 上举手臂要伸直。

(2) 两臂下垂时两旗要平行，垂直于地面。

3. 错误纠正

练习时易出现手臂弯曲，转肩幅度小等问题。因此，应做徒手前平举练习，或借助他人辅助练习。

(二) 第二个 8 拍

与第一个 8 拍动作相同。

(三) 第三个 8 拍

与第一个 8 拍动作相同。

(四) 第四个 8 拍

与第一个 8 拍动作相同。

五、体转运动

体转运动即身体的侧转动作，通过练习，可以锻炼练习者腰部的灵活性。

(一) 第一个 8 拍

1. 动作方法

(1) 预备姿势：两手持小旗正立。

(2) 1 拍：左脚向左侧迈出一步，同时两臂侧上举。

(3) 2 拍：左臂侧平举，右臂胸前平屈，同时上体左转。

(4) 3 拍：与 1 拍动作相同。

(5) 4 拍：还原，呈预备姿势。

(6) 5 ～ 8 拍：与 1 ～ 4 拍动作相同，方向相反。见图 4-4-6。

2. 技术要点

(1) 侧上举手臂伸直。

(2) 转体时，下肢保持不动。

3. 错误纠正

练习时易出现侧上举手臂弯曲，转体幅度小等问题。因此，应做徒手侧上举练习，同时在他人帮助下进行转体练习，体会动作要领。

预备姿势　　1 拍　　2 拍

3 拍　　4 拍

图 4-4-6

(二) 第二个 8 拍

与第一个 8 拍动作相同，方向相反。

(三) 第三个 8 拍

与第一个 8 拍动作相同。

(四) 第四个 8 拍

与第二个 8 拍动作相同。

六、腹背运动

腹背运动即腹背的伸展动作，通过练习，可以缓解练习者腹部和背部的疲劳感。

（一）第一个 8 拍

1. 动作方法

(1) 预备姿势：两手持小旗正立。

(2)1 拍：左脚向左侧迈出一步，同时两臂上举，抬头，挺胸，两手横持旗杆。

(3)2 ～ 3 拍：上体前屈两次。

(4)4 拍：还原，呈预备姿势。

(5)5 ～ 8 拍：与 1 ～ 4 拍动作相同，方向相反。见图 4-4-7。

预备姿势　　1 拍　　2 ～ 3 拍　　4 拍

图 4-4-7

2. 技术要点

(1) 上举手臂要伸直。

(2) 体前屈时，腿要伸直。

3. 错误纠正

练习时易出现手臂弯曲，体前屈时腿弯曲等问题。因此，应做徒手举臂和压腿练习，体会动作要领。

（二）第二个 8 拍

与第一个 8 拍动作相同。

（三）第三个 8 拍

与第一个 8 拍动作相同。

（四）第四个 8 拍

与第一个 8 拍动作相同。

七、转肩运动

转肩运动即肩部的操化动作，通过练习，可以锻炼练习者肩部的各个关节。

（一）第一个 8 拍

1. 动作方法

(1) 预备姿势：两手持小旗正立。

(2)1 拍：右脚向右后方迈出一步呈弓步，右臂侧上举，左臂侧平举。

(3)2 拍：向下绕环至左臂侧上举，右臂侧下举。

(4)3 拍：向上绕环至两臂侧平举。

(5)4 拍：还原，呈预备姿势。

(6)5 ～ 8 拍：与 1 ～ 4 拍动作相同，方向相反。见图 4-4-8。

2. 技术要点

(1) 弓步时，后腿要伸直。

(2) 手臂要伸直。

3. 错误纠正

练习时易出现手臂弯曲等问题。因此，应做徒手直臂练习，体会动作要领。

预备姿势　　1 拍　　2 拍

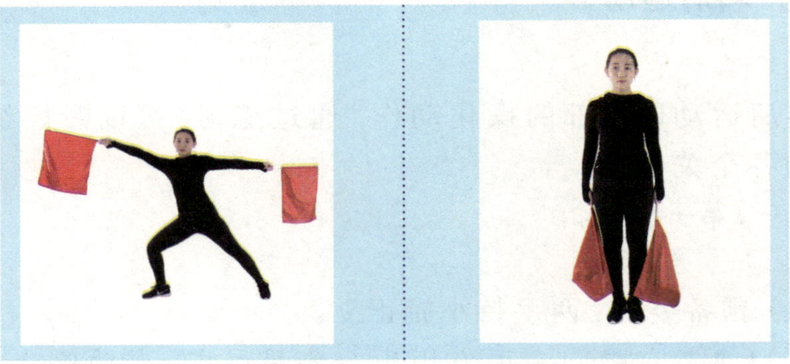

3 拍　　4 拍

图 4-4-8

(二)第二个 8 拍

与第一个 8 拍动作相同，方向相反。

(三)第三个 8 拍

与第一个 8 拍动作相同。

(四)第四个 8 拍

与第二个 8 拍动作相同。

八、跳跃运动

跳跃运动即腿部用力，使身体弹跳的动作，通过练习，可以使练习者放松腿部肌肉。

（一）第一个 8 拍

1. 动作方法

(1) 预备姿势：两手持小旗正立。

(2)1 拍：跳成开立，两臂弯曲，于体前交叉，左臂在上。

(3)2 拍：跳成并立，同时两臂上举。

(4)3 拍：与 1 拍动作相同。

(5)4 拍：还原，呈预备姿势。

(6)5 ～ 8 拍：与 1 ～ 4 拍动作相同。见图 4-4-9。

2. 技术要点

手臂要伸直。

3. 错误纠正

练习时易出现两腿落地不缓冲，手臂弯曲等问题。因此，应注意两腿弹动，多做徒手直臂练习，体会动作要领。

预备姿势

1 拍

2 拍

3 拍　　4 拍

图 4-4-9

（二）第二个 8 拍

与第一个 8 拍动作相同。

（三）第三个 8 拍

与第一个 8 拍动作相同。

（四）第四个 8 拍

与第一个 8 拍动作相同。

第五节 呼啦圈操

呼啦圈操是练习者利用呼啦圈所做的各种操化动作组合，可加强身体的灵活性、柔韧性与协调性。呼啦圈操包括上肢运动、下蹲运动、体侧运动、体转运动、踢腿运动、腹背运动和跳跃运动等。

一、上肢运动

上肢运动即上肢操化动作，通过练习，可以锻炼练习者肩臂部的灵活性。

(一)第一个8拍

1. 动作方法

(1) 预备姿势：两手持圈，体前下垂。

(2)1 拍：两臂肩侧屈，将圈举起，头在圈中心。

(3)2 拍：两脚开立，两臂伸直上举。

(4)3 拍：两臂前平举，使圈面与地面平行。

(5)4 拍：还原，呈预备姿势。

(6)5 ～ 8 拍：与 1 ～ 4 拍动作相同。见图 4-5-1。

预备姿势　　1 拍　　2 拍

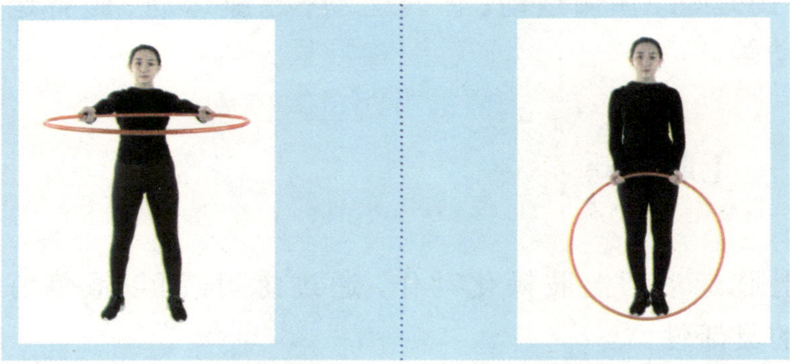

3 拍　　4 拍

图 4-5-1

2. 技术要点

前平举时，手臂要伸直。

3. 错误纠正

练习时易出现持圈姿势不正确，前平举时手臂弯曲等问题。因此，应做持圈和徒手前平举练习，体会动作要领。

(二)第二个 8 拍

与第一个 8 拍动作相同。

（三）第三个 8 拍

与第一个 8 拍动作相同。

（四）第四个 8 拍

与第一个 8 拍动作相同。

二、下蹲运动

下蹲运动即下肢蹲起的操化动作，通过练习，可以锻炼练习者的膝关节和大腿肌肉。

（一）第一个 8 拍

1. 动作方法

(1) 预备姿势：两手持圈，体前下垂。

(2)1 拍：两脚并立提踵，两臂持圈前平举。

(3)2 拍：两腿半蹲，两臂持圈上举。

(4)3 拍：两脚提踵，两臂持圈胸前屈。

(5)4 拍：还原，呈预备姿势。

(6)5 ～ 8 拍：与 1 ～ 4 拍动作相同。见图 4-5-2。

预备姿势　　1 拍　　2 拍

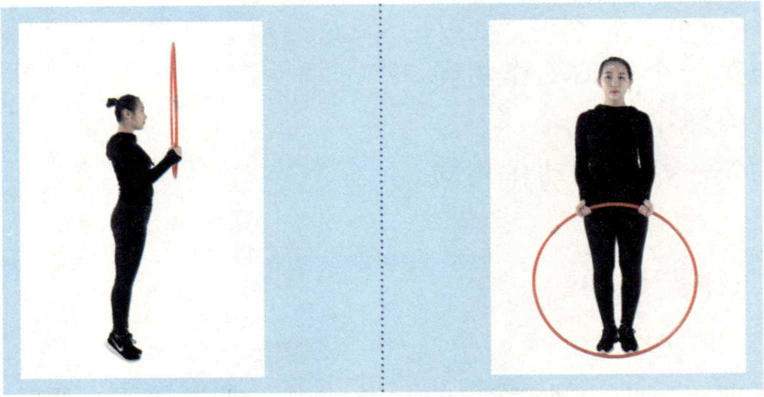

3 拍　　4 拍

图 4-5-2

2. 技术要点

头要正，颈要直。

3. 错误纠正

练习时易出现持圈姿势不正确，圈面不稳等问题。因此，应做两手持圈练习，体会动作要领。

(二)第二个 8 拍

与第一个 8 拍动作相同。

(三)第三个 8 拍

与第一个 8 拍动作相同。

(四)第四个 8 拍

与第一个 8 拍动作相同。

三、体侧运动

体侧运动即身体侧屈的操化动作，通过练习，可以锻炼练习者腰部的柔韧性。

(一)第一个8拍

1. 动作方法

(1) 预备姿势：两手持圈，体前下垂。

(2)1拍：两脚开立，两手持圈在腰间，向左转体90度。

(3)2～3拍：右腿侧屈呈右弓步，两手持圈侧上举，上体向左侧屈振两次。

(4)4拍：还原，呈预备姿势。

(5)5～8拍：与1～4拍动作相同。见图4-5-3。

预备姿势　　1拍　　2～3拍　　4拍

图4-5-3

2. 技术要点

(1) 弓步时，后腿要伸直。

(2) 上体侧屈时，身体要正。

3. 错误纠正

练习时易出现手臂弯曲，侧屈幅度小等问题。因此，应做徒手直臂和叉腰侧屈练习，体会动作要领。

(二)第二个8拍

与第一个8拍动作相同，方向相反。

(三)第三个8拍

与第一个8拍动作相同。

(四)第四个8拍

与第二个8拍动作相同。

四、体转运动

体转运动即身体的侧转动作，通过练习，可以锻炼练习者腰部的灵活性。

(一)第一个8拍

1. 动作方法

(1) 预备姿势：两手持圈，体前下垂。

(2)1拍：左脚向左侧迈出呈开立，两臂持圈前平举。

(3)2拍：上体左转。

(4)3拍：与1拍动作相同。

(5)4拍：还原，呈预备姿势。

(6)5～8拍：与1～4拍动作相同，方向相反。见图4-5-4。

预备姿势　　1拍　　2拍

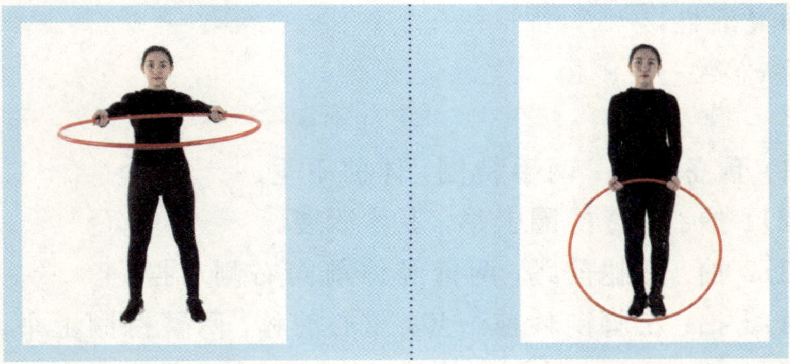

3 拍　　　　4 拍

图 4-5-4

2. 技术要点

(1) 前平举时，手臂要伸直。

(2) 转体时，下肢保持不动。

3. 错误纠正

练习时易出现前平举手臂弯曲，转体幅度小等问题。因此，应做徒手前平举和转体练习，体会动作要领。

(二) 第二个 8 拍

与第一个 8 拍动作相同，方向相反。

(三) 第三个 8 拍

与第一个 8 拍动作相同。

(四) 第四个 8 拍

与第二个 8 拍动作相同。

五、踢腿运动

踢腿运动即腿部的蹬踢动作，通过练习，可以锻炼练习者腿部的灵活性。

(一)第一个8拍

1. 动作方法

(1) 预备姿势：两手持圈，体前下垂。

(2)1 拍：两臂持圈上举，上体后展。

(3)2 拍：右腿前踢，两臂经体前向右侧后摆。

(4)3 拍：左脚向体前一步，重心前移，两臂持圈上举。

(5)4 拍：还原，呈预备姿势。

(6)5 ～ 8 拍：与 1 ～ 4 拍动作相同，方向相反。见图 4-5-5。

2. 技术要点

踢腿时，最大限度地举腿。

3. 错误纠正

练习时易出现持圈姿势不正确，踢腿不到位等问题。因此，应做持圈和借助他人力量托腿举起练习，体会动作要领。

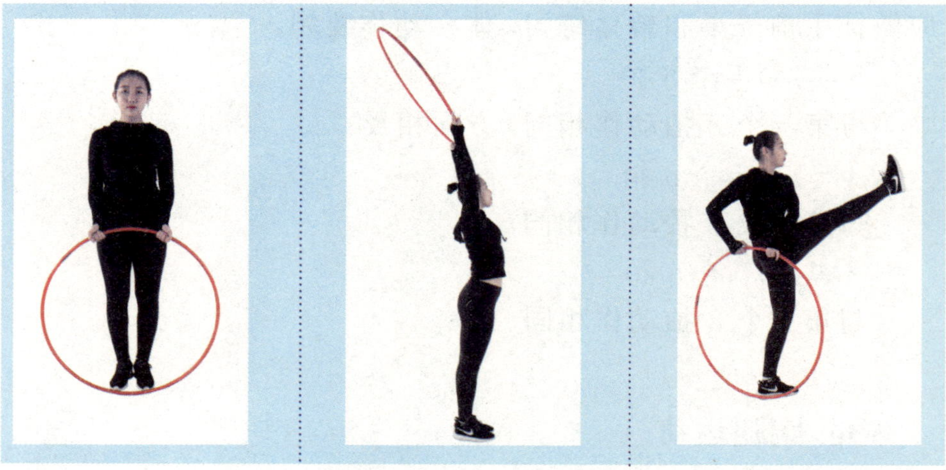

预备姿势　　　　1 拍　　　　2 拍

3 拍　　　　4 拍

图 4-5-5

(二) 第二个 8 拍

与第一个 8 拍动作相同，方向相反。

(三) 第三个 8 拍

与第一个 8 拍动作相同。

(四) 第四个 8 拍

与第二个 8 拍动作相同。

六、腹背运动

腹背运动即腹背的伸展动作，通过练习，可以缓解练习者腹部和背部的疲劳感。

(一)第一个 8 拍

1. 动作方法

(1) 预备姿势：两手持圈，体前下垂。

(2)1 ～ 2 拍：两臂持圈上举，上体后展。

(3)3 ～ 4 拍：上体前屈，两臂持圈下举，圈面横放于地上。

(4)5 ～ 6 拍：两腿半蹲，两臂前平举。

(5)7 ～ 8 拍：还原，呈预备姿势。见图 4-5-6。

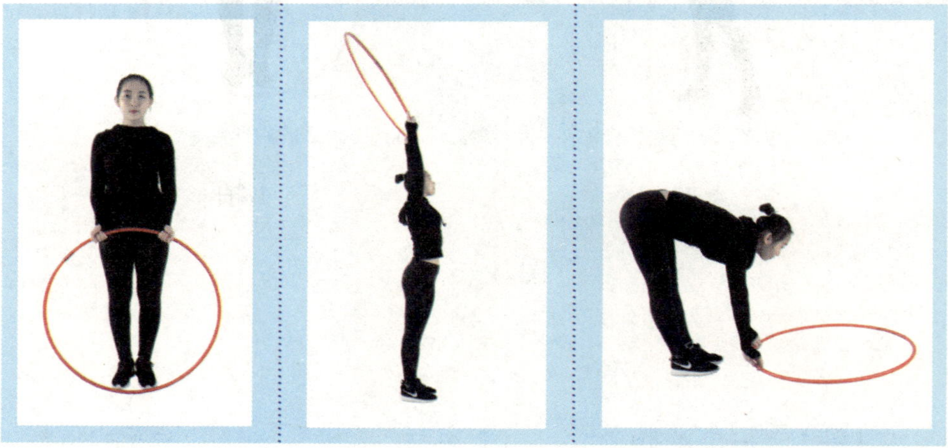

预备姿势　　1 ～ 2 拍　　3 ～ 4 拍

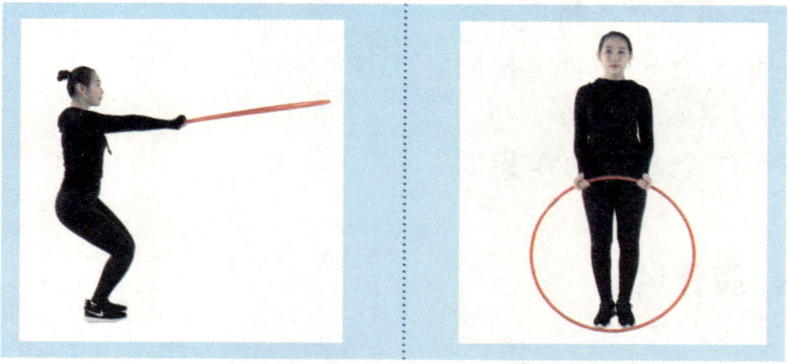

5 ～ 6 拍　　7 ～ 8 拍

图 4-5-6

2. 技术要点

(1) 两手持圈距离与肩同宽。

(2) 手臂要伸直。

3. 错误纠正

练习时易出现动作不到位，手臂弯曲等问题。因此，应多做徒手和压腿练习，体会动作要领，也可将体操棍固定在手臂上，帮助纠正屈臂。

(二) 第二个 8 拍

1. 动作方法

(1) 预备姿势：两手持圈，体前下垂。

(2)1 拍：两臂持圈上举，上体后展。

(3)2 拍：上体前屈，两臂持圈下举，圈面横放于地上。

(4)3 ～ 4 拍：与 1 ～ 2 拍动作相同。

(5)5 ～ 7 拍：将圈套入上身，两手持圈，顺时针做躯干绕环。

(6)8 拍：还原，呈预备姿势。见图 4-5-7。

2. 技术要点

两手持圈距离与肩同宽。

预备姿势　　1 拍　　2 拍

3 拍　　4 拍　　5 ～ 7 拍

8 拍

图 4-5-7

3. 错误纠正

练习时易出现动作不到位，绕环幅度小等问题。因此，应做压腿和叉腰绕环练习，体会动作要领。

七、跳跃运动

跳跃运动即腿部用力，使身体弹跳的动作，通过练习，可以使练习者放松腿部肌肉。

(一)第一个8拍

1. 动作方法

(1) 预备姿势：两手持圈，体前下垂。

(2)1拍：跳成开立，两臂持圈前平举。

(3)2拍：跳成并立，呈预备姿势。

(4)3拍：跳成开立，两臂持圈上举。

(5)4拍：还原，呈预备姿势。

(6)5～8拍：与1～4拍动作相同。见图4-5-8。

2. 技术要点

(1) 两手持圈距离与肩同宽。

(2) 身体保持挺直。

预备姿势　　1拍　　2拍

3 拍　　4 拍

图 4-5-8

3. 错误纠正

练习时易出现持圈姿势不正确，手臂弯曲等问题。因此，应做持圈和直臂上举练习，体会动作要领。

(二) 第二个 8 拍

与第一个 8 拍动作相同。

(三) 第三个 8 拍

与第一个 8 拍动作相同。

(四) 第四个 8 拍

与第一个 8 拍动作相同。